Joachim de Posada E Ellen Singer

O MOTORISTA E O MILIONÁRIO

Uma história sobre as escolhas que nos levam ao sucesso ou ao fracasso

SEXTANTE

Título original: *Don't Eat the Marshmallow... Yet!*

tradução: Márcia Claudia Reynaldo Alves
preparo de originais: Virginie Leite
revisão: Sérgio Bellinello Soares e Tereza da Rocha
projeto gráfico e diagramação: Marcia Raed
capa: Miriam Lerner
pré-impressão: ô de casa
impressão e acabamento: Bartira Gráfica e Editora S/A

CIP-BRASIL. CATALOGAÇÃO-NA-FONTE
SINDICATO NACIONAL DOS EDITORES DE LIVROS, RJ

P887m Posada, Joachim de
O motorista e o milionário / Joachim de Posada e Ellen Singer; tradução de Márcia Claudia Reynaldo Alves. – Rio de Janeiro: Sextante, 2007.

Tradução de: Don't eat the marshmallow... yet!
ISBN 978-85-7542-267-0

1. Finanças pessoais – Aspectos psicológicos. 2. Riqueza – Aspectos psicológicos. 3. Sucesso. I. Singer, Ellen, 1957-. II. Título.

CDD 332.024
03-0177. CDU 330.567.2

Rua Voluntários da Pátria, 45/1.404 – Botafogo
22270-000 – Rio de Janeiro – RJ
Tel.: (21) 2286-9944 – Fax: (21) 2286-9244
E-mail: atendimento@esextante.com.br

Para minha filha Caroline, que desde a primeira vez que ouviu essa doce teoria a adotou com paixão, persistência e coragem. Ela é a melhor filha do mundo e tenho muito orgulho de ser seu pai.

JOACHIM

Às mulheres mais incríveis que conheço – minhas filhas. A sabedoria e a fibra delas são fonte de inspiração para todas as minhas realizações.

ELLEN

SUMÁRIO

ANTES DA PARÁBOLA

Nascido em berço de ouro mas lançado na pobreza durante a adolescência, aprendi muito mais sobre os riscos do fracasso do que sobre os segredos do sucesso. Embora meus pais tenham conseguido se recuperar depois de perder tudo na meia-idade, eles jamais recobraram a mentalidade da prosperidade e eu absorvi seus medos de uma forma muito intensa. Esses temores alimentaram meu desejo de independência financeira e, de certa maneira, me levaram a ganhar a vida ensinando às pessoas como ser bem-sucedidas. Passei a dar palestras motivacionais que influenciaram milhares de executivos e atletas profissionais a baterem suas metas aplicando valiosos princípios do sucesso. Contudo, não percebi naquela ocasião que estava deixando de lado um termo importantíssimo da equação.

Até que um dia eu li sobre a teoria dos bombons e minha vida mudou – do mesmo jeito que a sua vai mudar – para sempre.

Depois que minha família perdeu tudo, as coisas nunca mais voltaram a ser como antes. Meus pais mudaram muito e eu também. Acho que papai vivia apavorado com a possibilidade de falir outra vez e, por conta disso, se tornou excessivamente cauteloso. Mesmo após ter recuperado a fortuna, continuou dirigindo um velho Chevrolet. Só se permitiu comprar uma Mercedes aos 81 anos (e morreu nela dois anos depois). No fundo, eu compartilhava os mesmos medos, mas reagi de forma diametralmente oposta, esbanjando todo o meu dinheiro. Minha vida era de opulência: viagens, mulheres, presentes, carros de último tipo, jóias caras. Não poupava um centavo sequer e gastava mais do que ganhava. Devorava todos os meus bombons assim que botava as mãos neles.

A esta altura, você deve estar pensando por que meu pai não me fez parar. Por que não tentou incutir em mim os valores financeiros que havia aprendido? Ele nunca me ensinou o segredo das pessoas bem-sucedidas porque não sabia qual era. Meu pai foi capaz de pôr em prática alguns princípios essenciais não por conhecer a fórmula do sucesso, mas por ter medo de perder tudo de novo. Quando você é rico e de repente fica sem um tostão, aprende importantes lições de vida, mas nem sempre sobra tempo para pensar sobre elas e muito menos para passá-las adiante. Por isso, o segredo do sucesso continuou sendo um mistério para mim – um mistério que mais tarde resolvi desvendar. Queria não só compreendê-lo como também ser capaz de explicar:

- Por que algumas pessoas chegam lá e outras não.
- Por que algumas pessoas são bem-sucedidas enquanto outras falham.

• Por que 90% das pessoas que chegam aos 65 anos não são independentes financeiramente e têm de continuar trabalhando ou viver da previdência social ou rezar para que os filhos terminem a faculdade, arrumem um bom emprego e possam ajudá-las na fase final da vida.

Comecei a dar palestras motivacionais há mais de 30 anos. Nesse período, já falei para platéias em cerca de 30 países e fiz conferências para algumas das melhores empresas do mundo, tendo angariado uma longa lista de clientes. Também trabalhei na área esportiva, motivando atletas da NBA – a Associação Nacional de Basquete dos Estados Unidos – e das Olimpíadas. E descobri que a questão central é a mesma: por que alguns atletas chegam ao topo e outros não? Evidentemente não se trata apenas de talento ou habilidade. O mundo está cheio de atletas brilhantes que nunca foram bem-sucedidos e de outros menos talentosos que construíram carreiras vitoriosas.

O desejo de desvendar o segredo do sucesso me levou a pesquisar esse tema a fundo. Foi assim que tomei conhecimento de um estudo comportamental realizado por um proeminente psicólogo americano, o Dr. Walter Mischel.

Não vou entrar em detalhes sobre esse estudo neste momento, mas preciso lhe dizer uma coisa agora: *eu descobri o segredo* – já sei por que algumas pessoas têm sucesso e outras não. É uma lição tão importante que decidi escrever este livro.

Preste atenção no que vou lhe dizer: todo mundo tem de aprender a teoria do bombom. Compreendê-la pode significar a diferença entre ser rico e ser pobre. O segredo do sucesso deve ser transmitido a todas as crianças do mundo. Ensinei-o à minha filha. Agora quero passá-lo a você, para que repasse aos seus filhos.

Este livro é para empresários, funcionários e colaboradores, para atletas e pessoas que querem vencer na vida, para professores, que têm a enorme responsabilidade de educar nossos jovens, e, sem dúvida, para os adolescentes que querem mudar de atitude, a fim de alcançar sucesso na vida.

Mas, antes de começar a leitura da parábola do bombom, reflita a respeito desta história: três rãs desciam o rio em cima de uma folha. Uma delas decide mergulhar. Quantas rãs permanecem em cima da folha?

A maioria das pessoas vai responder "duas". Errado. As três rãs continuam em cima da folha.

Como assim? Ora, decidir pular e realmente pular são duas coisas completamente diferentes.

Quantas vezes você decidiu fazer dieta para perder peso e descobriu três meses depois que os números da balança não se alteraram? Quantas vezes resolveu parar de fumar, mas não resistiu e acendeu um cigarro na primeira vez que saiu com os amigos? Quantas vezes tomou a decisão de arrumar seu quarto no fim de semana, mas na segunda-feira a bagunça estava pior do que antes?

Se isso soa familiar e gera algum sentimento de identificação, espero que você realmente decida ler este livro e aplicar seus ensinamentos, o que lhe permitirá dar um salto para o sucesso.

O filósofo e ensaísta inglês Francis Bacon declarou: "Saber é poder." Ele estava certíssimo, mas faltou uma palavra para que sua afirmativa fosse à prova de erros: "Usar o saber é poder." Se você sabe mas não usa seu conhecimento, então não sabe. Simples assim.

Leia o livro e pratique tudo o que aprender. Sua vida vai passar por uma revolução.

Aprendi o segredo. Parei de devorar todos os meus bombons. Quando terminar esta leitura, você também terá parado de comer os seus.

A PARÁBOLA

1
DEVORAR TODOS OS BOMBONS É UMA ATITUDE AUTODESTRUTIVA

Normalmente tranqüilo e seguro de si, Jonathan Patient parecia um pouco abatido ao deixar uma tensa reunião de negócios. Ao entrar na limusine, pôde ver seu motorista enfiando na boca o último pedaço de hambúrguer coberto com ketchup.

– Arthur, você está comendo o bombom de novo! – disse, em tom de reprovação.

– Bombom? – Arthur ficou surpreso tanto pela rispidez do chefe como por suas palavras. (O magnata do mercado de tecnologia era conhecido por usar e abusar de metáforas.) – Para falar a verdade, era um Big Mac. Não ligo muito para doces. Nem me lembro da última vez que comi um bombom. Deve ter sido na Páscoa...

– Calma, Arthur. Sei que você não estava comendo um bombom de verdade. Só que passei a manhã ao lado de "devoradores de bombons" e fiquei decepcionado ao ver você fazendo a mesma coisa.

– Estou sentindo que vem uma história por aí, Sr. Patient.

– Isso mesmo, Arthur. Vou contá-la a caminho de casa. A Esperanza está preparando uma magnífica paella, que você adora, se me recordo bem. Pedi a ela que começasse a servir às 13 horas, ou seja, daqui a 20 minutos, o que vai coincidir com o ponto central da minha história, como você verá.

– Mas o que o bombom tem a ver com isso?

– Paciência, Arthur. Paciência. Logo, logo você vai saber.

Arthur deu partida na luxuosa limusine Lincoln e se embrenhou suavemente no trânsito do centro da cidade. Depois, enfiou o exemplar do *New York Times* com as palavras cruzadas quase terminadas no pára-sol do lado do carona. Jonathan Patient acomodou-se no assento de couro do banco traseiro e começou a falar.

◆ ◆ ◆

– Aos quatro anos, participei de um estudo que mais tarde se tornou bastante conhecido. Não que eu fosse uma criança especial. Simplesmente tinha a idade certa no momento certo. Meu pai fazia MBA em Stanford, e um de seus professores estava procurando meninos e meninas do pré-escolar para fazer parte de uma experiência sobre os efeitos da gratificação adiada. Basicamente tratava-se do seguinte: crianças como eu eram deixadas sozinhas numa sala. Um adulto entrava e colocava um bombom na nossa frente. Em seguida, dizia que precisava sair por 15 minutos e avisava que, se a gente não comesse o doce enquanto ele estivesse fora, ganharia um segundo bombom na sua volta.

– Dois por um. Um investimento com 100% de retorno! Mesmo para uma criança de quatro anos, era uma situação bem interessante – comentou Arthur com humor.

– Com certeza. Mas, aos quatro anos, 15 minutos é um tempo muito longo. E, sem um adulto por perto para dizer *não*, era muito difícil resistir à tentação – lembrou Jonathan.

– E o senhor comeu o bombom?

– Não, mas fiquei tentado uma dúzia de vezes. Cheguei a lambê-lo. Estava morrendo de vontade de saborear aquele bombom. Tentei cantar, dançar, qualquer coisa que me distraísse. Depois do que pareceu horas de espera, a simpática mulher voltou.

– E ela lhe deu mais um bombom?

– Deu sim. E foram os dois melhores bombons que já comi na minha vida.

– E qual era o propósito da experiência? Eles lhe disseram? – perguntou o motorista.

– Não na época. Só vim a saber muitos anos depois. Os mesmos pesquisadores fizeram o possível para encontrar o maior número de "crianças do bombom" – no primeiro estudo éramos cerca de 600, eu acho – e pediram aos pais que avaliassem os filhos em uma série de habilidades e características pessoais.

– E o que seus pais disseram a seu respeito?

– Nada. Eles nunca receberam o questionário. Naquela altura, eu já estava com 14 anos e nós havíamos nos mudado algumas vezes. Contudo, os pesquisadores encontraram umas 100 "famílias do bombom", e os resultados foram impressionantes. Descobriram que as crianças que não comeram o doce, e até aquelas que resistiram à tentação por mais tempo, saíam-se melhor na escola, tinham mais facilidade para se relacionar socialmente e administravam o estresse melhor que as crianças que devoraram o bombom assim que o adulto saiu da sala. Aqueles que resistiram tiveram mais sucesso do que os que comeram a guloseima.

– Com certeza, o senhor se encaixa na definição dos bem-sucedidos – disse Arthur. – Mas ainda não entendi como não ter comido um bombom aos quatro anos poderia transformá-lo em um bilionário da Web aos 40.

– É claro que não é uma conseqüência direta. Mas a capacidade de adiar a gratificação por iniciativa própria provou ser um forte indicador de realização.

– Por quê?

– Vamos voltar ao comentário que eu fiz quando o vi comendo aquele Big Mac. Ou melhor, tente lembrar o que você me disse hoje de manhã sobre a paella da Esperanza. Ela não tinha prometido um prato caprichado para você comer no almoço?

– Para falar a verdade, ela disse que reservaria a melhor parte para mim, aquela com mais lagosta – revelou Arthur, sorrindo –, mas não era para eu lhe contar.

– E, mesmo com toda essa mordomia, o que você estava fazendo 30 minutos antes de ela lhe servir a melhor paella da cidade?

– Comendo um Big Mac... comendo o bombom! Agora entendi. Não agüentei esperar pelo almoço e estraguei o apetite com uma coisa que posso ter a qualquer hora.

– Isso mesmo. Preferiu a gratificação instantânea, em vez de esperar por algo que realmente quisesse.

– Puxa vida, o senhor tem toda a razão. Mas ainda não entendi a moral da história. Será que comer ou não comer os bombons tem alguma relação com o fato de o senhor estar sentado no banco traseiro da limusine, relaxando, enquanto eu estou aqui, dirigindo?

– Arthur, o que posso lhe dizer é que acredito que a capacidade de adiar a gratificação faz toda a diferença do mundo. Amanhã, no trajeto até o escritório, eu lhe explico um pouco mais sobre a teoria do bombom. Espero você às nove horas. Estou ansioso pelo almoço delicioso que está me esperando. E você, Arthur? O que vai fazer?

– Ficar longe da Esperanza até que tenha apetite de novo.

◆ ◆ ◆

Arthur saltou, abriu a porta do carro e depois a da casa para Jonathan Patient. Além de lhe pagar um bom salário, o Sr. Patient lhe ensinara lições valiosas nos últimos cinco anos. Embora ainda não entendesse por que, desconfiava que a teoria do bombom seria a mais importante de todas. Decidido, o motorista saiu da propriedade e foi até o mercado mais próximo. Comprou uma caixa de bombons.

2

PESSOAS BEM-SUCEDIDAS CUMPREM SUAS PROMESSAS

– Bom dia, Sr. Patient, estou na expectativa de que vai manter a promessa e me explicar a teoria do bombom. Não consigo parar de pensar nela.

– Vou lhe explicar o máximo que for possível durante o trajeto até o centro, mas podemos continuar conversando nos nossos próximos percursos e tentarei esclarecer tudo o que você quiser saber. Pessoas bem-sucedidas cumprem suas promessas, Arthur – disse Jonathan, acomodando-se no banco de trás, enquanto o motorista segurava a porta aberta.

– Será mesmo, Sr. Patient? A impressão que tenho é de que nos negócios só se ouve falar de gente trapaceando e quebrando promessas.

– Tem razão, Arthur. Muita gente ganha rios de dinheiro sem honrar seus compromissos. Porém, mais cedo ou mais tarde, vem a punição. Além disso, quando as pessoas confiam em você, é mais provável que façam o que você quer. Mas essa é outra história. Arthur?

– Pois não, Sr. Patient! – apressou-se o motorista, ainda segurando a porta traseira.

– Se você entrar no carro, vai ouvir mais depressa a história do bombom.

– Opa! Desculpe, Sr. Patient.

O motorista ajeitou o quepe na cabeça e, ligeiro, entrou no carro e ligou o motor.

– Bem, Arthur, se me lembro direito, você estava querendo saber como funciona na prática a teoria do bombom. E também por que as crianças que resistiram ao bombom tiveram mais sucesso do que aquelas que o comeram.

– Isso mesmo. Quero saber se esse é o segredo do seu sucesso e, por outro lado, da minha... performance limitada.

– Performance limitada. Falou bonito, Arthur! É por isso que você resolve palavras cruzadas com tanta facilidade.

– Obrigado. Sempre fui bom com palavras. Pena que não tenha muita chance de usá-las.

– Se quiser, você pode mudar isso, Arthur. Vou lhe mostrar como. Mas, antes, tente se lembrar de seus tempos de devorador de bombons. Vamos começar por quando você era jovem. Que tipo de carro dirigia?

– Puxa, Sr. Patient, tinha o carrão mais bacana de todos! Um Mustang vermelho. O xodó das garotas. Até a menina que foi eleita miss da cidade deu uma volta de carro comigo.

– E foi por isso que você escolheu o carro?

– Para pegar as garotas mais bonitas? Claro! E funcionava! Meu caderninho de telefone era recheado, de Angélica a Zélia.

– Eu acredito. E como conseguiu pagar o carro, Arthur? Foi um presente?

– Não, meu pai me deu um dinheiro quando fiz 18 anos que eu usei para dar a entrada. Depois tive de arranjar dois empregos: um para pagar as prestações e o seguro e outro para ter dinheiro para gastar com as meninas que queriam sair comigo. Mas, se o carro precisasse ir para a oficina, a situação se complicava. Eu era obrigado a fazer horas extras para conseguir consertar o carro antes do fim de semana. Estava no vermelho o tempo todo.

– Esse seu Mustang era um bombom gigante, não?

– O quê? Ah... é aquela história da gratificação instântanea, não? Eu tinha de ter o melhor carro e as garotas mais espetaculares imediatamente. Mas tudo isso ficou no passado. Há muito tempo não tenho nenhum dos dois. Hoje, não tenho sequer um carro, dirijo o seu. Quanto às mulheres, as mais sofisticadas certamente não estão interessadas em um sujeito que usa quepe de motorista. É deprimente, Sr. Patient. Mas o sonho de todo rapaz não é ter um carrão e as garotas mais bonitas? Não aconteceu o mesmo com o senhor?

– Claro que eu também queria isso, Arthur. Morria de inveja de caras como você! Quer saber que carro eu dirigia naquela época? Um Fusca com 10 anos de uso, o carro mais barato que pude encontrar. Mas ele me levava para todo lado, do trabalho para a faculdade, e ocasionalmente eu convidava uma menina para dar um passeio. Nem eu nem o carro atraíamos as garotas mais espetaculares. Porém, preferi investir meu dinheiro na faculdade, pois acreditava que os estudos eram a chave para eu conseguir todas as coisas que queria na vida. Não comi o bombom, mas veja o que recebi em troca.

– Milhões de bombons, Sr. Patient. E tenho certeza de que algumas doçuras de sabor e aparência excepcionais... Quando o senhor era solteiro, é claro.

– É, tem razão, Arthur – disse Jonathan com um sorriso –, embora esse não fosse o exemplo que eu tinha em mente. Preste atenção: se eu lhe oferecesse 1 milhão de dólares hoje ou, como alternativa, um dólar duplicado todos os dias durante 30 dias, o que você escolheria?

– Sr. Patient, não sou burro. Ficaria com o milhão. Não me diga que o senhor escolheria a ninharia de um dólar duplicado todos os dias por 30 dias!

– Viu, Arthur, você devorou de novo o bombom. Escolheu o que estava à mão, em vez de ter uma visão de longo prazo. Deveria ter ficado com o dólar, pois assim ganharia mais de 500 milhões de dólares. Contudo, você optou por um único milhão.

– Não é possível! Não consigo acreditar. Porém, como o senhor jamais mentiu para mim, deve ser verdade.

– Arthur, esse é o impressionante poder de se resistir ao prazer imediato, ao bombom. Quinhentos milhões de dólares em um mês é muito, muito melhor que 1 milhão de dólares em um dia.

– O senhor está começando a me convencer... Mas como eu posso aplicar essa teoria no meu dia-a-dia? Como o senhor põe esses conhecimentos em prática?

– Estamos chegando ao escritório, Arthur. Não vai dar tempo

de responder a todas as suas perguntas. Mas vou lhe dar um exemplo rápido. Lembra-se do início da nossa conversa, ontem, quando reclamei que as pessoas que estavam na reunião eram devoradoras de bombons?

– Lembro, sim. Acho que foi a primeira vez que vi sua gravata fora do lugar, Sr. Patient.

– Pois é, estávamos negociando com uma grande empresa da América Latina nossos cursos de técnicas de venda via internet. Eles queriam comprar apenas um curso, o que mesmo assim representaria um negócio de 1 milhão de dólares, por causa do tamanho da companhia. Como sempre, eu estava tentando vender um pacote mais completo de serviços, cursos e seminários, o que significaria o estabelecimento de um relacionamento de longo prazo com a empresa – um contrato de 10 milhões de dólares para começar e uma promissora ligação com o mercado latino-americano.

– E o que foi que aconteceu?

– Como o presidente da empresa não estava na cidade, seu vice entrou em contato para marcar uma reunião conosco. Nosso vice-presidente de vendas foi ao encontro e fechou o negócio do jeito que o vice-presidente deles disse que queria: um pacote de 1 milhão de dólares. O que ele deveria ter feito era se distanciar da solução mais fácil e sondar para descobrir que outras necessidades aquele cliente tinha. Mas ele preferiu o bombom, em vez de investir numa parceria mais sólida que poderia nos trazer, no futuro, ganhos de 10 milhões de dólares. Isso acontece o tempo todo, Arthur, em milhares de empresas no mundo inteiro.

– Então sua empresa fechou uma venda de 1 milhão de dólares. Não exatamente o que o senhor queria, mas também nada de se jogar fora, né?

– Não assinamos nada até agora. E a situação está cada vez pior. Ontem o presidente da empresa me ligou, querendo saber por que havíamos voltado atrás na nossa proposta de um relacionamento de longo prazo. Ele achou que tínhamos faltado com a nossa palavra. Ficou ofendido e se recusou a assinar qualquer contrato com uma empresa que só pensava em ganhos imediatos e não se dispunha a encontrar uma solução que atendesse de verdade às necessidades da sua companhia.

– Ele não queria negociar com devoradores de bombons!

– Exatamente. É possível que tenhamos perdido o negócio de 10 milhões *e* o de 1 milhão também, porque comemos o bombom!

– Será que ainda dá para contornar essa crise?

– É o que vou descobrir hoje, Arthur. Seja como for, este será um longo dia, talvez uma longa noite também. Você pode voltar para casa. Ligarei quando precisar que venha me buscar.

– Boa sorte, Sr. Patient. Vou ficar torcendo!

– Obrigado, Arthur.

◆ ◆ ◆

O motorista voltou para a propriedade dos Patient, estacionou na espaçosa garagem – grande o bastante para seis carros – e se dirigiu para seu apartamento, na antiga casa do caseiro, onde morava de graça. Levava uma vida confortável. Sem estresse e com poucas despesas fixas. Contudo, passados cinco anos, o que tinha para mostrar? Nenhum tostão no banco e 60 pratas na carteira. E nenhum plano de longo ou sequer de médio prazo. Ele não sabia o que seria da sua vida nem mesmo na próxima semana.

Arthur respirou fundo e entrou no apartamento decorado com simplicidade. Pegou a caixa de bombons que havia comprado na véspera, abriu-a e ia colocando um na boca quando, de repente, parou e o deixou em cima da mesinha-de-cabeceira.

– Se ainda estiver aí amanhã de manhã – falou para si mesmo –, vou comer dois.

3
TREINANDO PARA RESISTIR AO BOMBOM

A IMPORTÂNCIA DA CONFIANÇA E O PODER DA INFLUÊNCIA

Ao acordar na manhã seguinte, Arthur tirou o segundo bombom da caixa e pensou em comer os dois. Depois, resolveu esperar. Poderia saboreá-los quando voltasse para casa, à noite, ou comer quatro na manhã seguinte. No momento, estava faminto de informações que Jonathan Patient pudesse lhe dar e tinha um percurso de no mínimo uma hora para consegui-las. O chefe havia pernoitado na cidade e estava à espera do motorista para levá-lo a uma reunião num local bem distante.

– O senhor está com uma aparência ótima. Matou alguns devoradores de bombons ontem à noite?

– Não, mas consegui converter alguns. Tive uma longa conversa com o presidente da empresa latino-americana – até lhe contei minha teoria do bombom. No final ele fechou o negócio de 10 milhões de dólares sob uma condição: eu tenho de incluir essa história numa série de cursos!

– Que maravilha, Sr. Patient! Estou impressionado. O senhor

começou negociando um contrato de 1 milhão de dólares, transformou-o em um acordo de 10 milhões de dólares, depois viu o negócio voltar à casa de 1 milhão de dólares, em seguida cair para zero dólar e novamente chegar a 10 milhões de dólares. É o milagre da multiplicação dos bombons!

– Obrigado, Arthur. É realmente gratificante. Se estiver disposto a ouvir, eu lhe contarei outra história hoje.

– Claro que sim, Sr. Patient. Está relacionada com a teoria dos bombons?

– Primeiro eu lhe conto a história, Arthur. Depois você faz sua própria análise e me diz a que conclusão chegou.

– Está bem. Sou todo ouvidos.

– Há muitos anos, tive o prazer de conhecer Arun Gandhi, neto do grande Mahatma Gandhi.

– Aí está uma pessoa que certamente não devorava os bombons – brincou o motorista. – Com freqüência, ele não comia *nada*, como forma de protesto, para tentar alcançar seus objetivos.

– Você está certo, Arthur. E Mahatma Gandhi era bem modesto a respeito de suas conquistas pacíficas. Sabe o que ele disse certa vez sobre o segredo do sucesso?

– Não, mas o senhor vai me contar, não é?

– Se me lembro bem das palavras, foi algo assim: "*Asseguro a vocês que não sou mais que um homem comum, com habilidades abaixo da média. Estou absolutamente convencido de que qualquer homem ou mulher pode realizar o que realizei, se fizer o mesmo esforço e cultivar a mesma esperança e fé.*"

– Esforço e fé. O senhor acredita nisso?

– Acredito, sim. São caminhos mais longos para o sucesso, porém mais promissores e com maiores recompensas.

– Bombons gigantes! Então, o que aconteceu quando o senhor conheceu o neto de Gandhi?

– Ele tinha um respeito enorme por Mahatma, é claro. Seu pai o mandou passar uma temporada com o avô dos 12 aos 13 anos e meio.

– Minha mãe teria adorado poder me mandar para qualquer lugar quando eu tinha essa idade.

– É... tenho certeza de que meu pai também teria adorado. Meninos na pré-adolescência são terríveis. Arun me disse que aprendeu muito com Mahatma sobre disciplina e sobre como usar o poder de forma inteligente. Mahatma, por exemplo, pegava o dinheiro que recebia por seu autógrafo (ele reconhecia o valor da sua assinatura) e o distribuía entre os pobres. Entretanto, Arun atribui ao próprio pai a lição mais importante que aprendeu na vida, aos 18 anos.

Jonathan fez uma pausa e Arthur olhou para ele pelo retrovisor, ansioso para ouvir o restante da história.

– Arun me contou que certa vez seu pai lhe pediu que o levasse até uma reunião, depois colocasse o carro na oficina e esperasse o conserto ficar pronto para ir buscá-lo no escritório às cinco horas da tarde, no máximo. O pai de Arun disse que vinha trabalhando muito e frisou que, naquele dia, gostaria de sair às cinco em ponto. Arun prometeu ao pai que estaria lá no horário combinado. Ele levou o carro para a oficina e ficou aguardando. Por volta das 13h30, quando ia sair para comer alguma coisa, o mecânico lhe devolveu as chaves, dizendo que tinha acabado o serviço.

– Humm, aposto que isso não vai dar certo. Um rapaz sozinho com um carro durante tantas horas... – disse Arthur.

– Você tem toda a razão. Arun resolveu dar uma volta de carro para matar o tempo, parou para fazer um lanche e decidiu ir ao cinema. Acabou se distraindo com o filme e não se lembrou de olhar para o relógio até que a sessão terminou, às 17h30. Correu para o estacionamento e dirigiu o mais rápido que pôde até o escritório. Sozinho e de pé, o pai esperava o filho na frente do prédio. Arun pulou do carro e pediu desculpas pelo atraso. O pai perguntou: "Filho, o que aconteceu com você? Fiquei muito preocupado. O que aconteceu?" Arun respondeu: "Foram aqueles estúpidos mecânicos, pai. Não conseguiam descobrir o que havia de errado com o carro e só terminaram o conserto ainda há pouco. Vim assim que pude."

– E qual foi a reação do pai? – Arthur quis saber.

– Ele ficou calado. Não contou ao filho que tinha telefonado para a oficina, sendo informado de que o carro estava pronto desde o início da tarde. Sabia que o filho havia mentido. Que atitude você acha que o pai tomou?

– Deu uma tremenda bronca no garoto?

– Não. Eu também pensei que ele tivesse feito isso, mas estava errado.

– Colocou o filho de castigo por uma semana e o proibiu de usar o carro?

– Não.

– Proibiu-o de ver a namorada, ou mesmo de conversar com ela por telefone, durante um mês?

– Não.

– O.k., desisto. O que foi que ele fez?

– O pai entregou as chaves do carro para Arun e lhe disse: "Filho, vá para casa de carro. Eu vou a pé."

– O quê?

– Arun ficou tão espantado quanto você e fez essa mesma pergunta ao pai. Afinal, do escritório até a casa deles, era uma caminhada de 15 quilômetros! Agora, escute só a resposta do pai: "Filho, se em 18 anos não consegui conquistar sua confiança, devo ser um pai muito ruim. Preciso caminhar para pensar sobre o que fazer para me tornar um pai melhor. Peço desculpas por ter falhado."

– Sério? E o pai foi realmente caminhando até em casa? Ou só fez uma cena para deixar o garoto com sentimento de culpa?

– O pai começou a andar. Arun entrou no carro, ligou o motor e foi dirigindo ao lado dele, implorando para que entrasse no carro. O pai não aceitou a oferta e continuou caminhando: "Não, filho. Vá para casa, vá para casa." Arun foi dirigindo devagar, ao lado do pai, por todo o caminho, pedindo, implorando para que entrasse no carro. O pai continuou recusando a carona. Cerca de cinco horas depois, às 23h, os dois chegaram em casa.

– Impressionante! E o que aconteceu então?

– Nada, o pai entrou em casa e foi para a cama. Depois de ouvir essa história, perguntei ao Arun o que ele havia aprendido com essa experiência e ele me deu a seguinte resposta: "Desde aquele dia, nunca mais menti para ninguém."

– Incrível, Sr. Patient.

– É mesmo, Arthur. Eu aprendi muitas lições com essa história.

– O que o senhor aprendeu?

– Antes eu gostaria de saber o que você aprendeu. Você acha que essa história tem alguma relação com a teoria do bombom?

O motorista ficou calado por vários minutos, o que era muito raro. Estavam quase chegando ao destino quando ele disse:

– A saída mais fácil para o problema teria sido gritar, ameaçar e bater, ou seja, castigar o rapaz. Se eu fosse o pai, isso teria me parecido a melhor coisa a fazer naquela hora. E me traria uma gratificação imediata. Contudo, pensando na educação do garoto, essa atitude equivaleria a comer o bombom. O pai dando uma bronca, o filho se arrependendo... Depois de algum tempo, nenhum dos dois se lembraria mais do incidente. Sinceramente, o filho poderia ter feito coisas piores. Se o pai tivesse dado uma surra nele por ter chegado atrasado e mentido, o menino se sentiria punido. Talvez ficasse arrependido, ressentido ou amedrontado, mas o episódio acabaria sendo considerado uma dessas "bobagens de adolescente". Mas, como o pai adiou sua gratificação – não entendo como ele teve tanto autocontrole –, exerceu uma imensa influência sobre o filho. Deu-lhe uma lição para o resto da vida. É isso?

– Sim, Arthur, concordo com você. A história põe em evidência dois aspectos importantes: o tamanho da força de vontade que a gente precisa ter para não comer o bombom de imediato e, ao mesmo tempo, a extensão do impacto que produzimos se conseguimos não cair em tentação, e sim focalizar nas recompensas a longo prazo.

– Que outras lições o senhor aprendeu?

– Que não temos condições de controlar os outros nem a maioria dos acontecimentos, mas podemos controlar nossas atitudes. E nossa reação diante das circunstâncias pode produzir um impacto colossal na forma como as outras pessoas se comportam. Nossa atitude diante de um problema, ou como reagimos a ele, é mais importante do que o incidente propriamente dito. Quando damos um bom exemplo, passamos a ter um tremendo poder de influência: o poder de persuasão – sem dúvida, a mais poderosa ferramenta para o sucesso.

– Como assim?

– Mais cedo ou mais tarde, todas as pessoas bem-sucedidas entendem um princípio fundamental: para conseguir o que desejam, precisam fazer com que os outros tenham vontade de ajudálas. Existem apenas seis maneiras de garantir que as pessoas se disponham a fazer determinada coisa: por força da lei, por causa de dinheiro, pelo uso de força física, por pressão emocional, seduzidas pela beleza física ou por meio de persuasão. Dentre todas elas, a persuasão é a que tem mais força. Ela eleva você a um patamar superior. O pai de Arun Gandhi persuadiu o filho a ser sincero pelo resto da vida. Eu convenci o presidente da empresa latino-americana a assinar um contrato de 10 milhões de dólares e espero ter conseguido influenciar meu vice-presidente de vendas e tê-lo feito parar de comer bombons.

– Muito interessante, Sr. Patient. Estamos quase chegando ao local de sua próxima reunião. De certo modo, eu lamento que o trânsito não estivesse mais engarrafado. O senhor teria tido tempo de me contar outras histórias. Ando fazendo anotações. Não quando estou dirigindo, é óbvio, mas ao chegar em casa. Poderia resumir o que conversamos hoje?

– Claro, Arthur. Anote aí: pessoas bem-sucedidas estão dispostas a fazer coisas que pessoas malsucedidas não querem fazer. Essa é a minha filosofia. Prometo que amanhã lhe contarei mais uma história para ilustrar o que acabei de dizer.

◆ ◆ ◆

Assim que chegou em casa, Arthur viu os dois bombons em cima da mesinha-de-cabeceira e sorriu. Embora estivesse com fome, não se sentiu tentado a comê-los – queria ver quantos conseguiria juntar. Pegou um caderno e escreveu as lições que havia aprendido até aquele ponto:

- **Não coma o bombom logo de saída. Espere pelo momento certo, assim poderá comer mais bombons.**
- **Pessoas bem-sucedidas cumprem o que prometem.**
- **Um dólar duplicado todo dia por 30 dias equivale a mais de 500 milhões de dólares. Pense no longo prazo.**
- **Para obter o que deseja das pessoas, é preciso que elas confiem em você e queiram ajudá-lo.**

- **A melhor maneira de conseguir que as pessoas façam o que você quer é exercendo influência sobre elas.**

- **Pessoas bem-sucedidas estão dispostas a fazer coisas que pessoas malsucedidas não querem fazer.**

4

O QUE AS PESSOAS BEM-SUCEDIDAS ESTÃO DISPOSTAS A FAZER

– Então, Sr. Patient – Arthur foi direto ao assunto assim que Jonathan sentou-se no seu lugar de sempre, no banco traseiro da limusine –, pode me dar alguns exemplos do que as pessoas bem-sucedidas estão dispostas a fazer que as malsucedidas não querem realizar?

– Bom dia, Arthur.

– Bom dia. Não queria ser grosseiro, mas é que estou ansioso para saber o que é preciso para se tornar uma pessoa bem-sucedida.

– Fico satisfeito com seu entusiasmo, Arthur. Não estou nem um pouco ofendido. Vou tentar lhe dar dois exemplos enquanto você me leva ao centro.

– Obrigado.

– Já ouviu falar de Larry Bird?

– O grande jogador de basquete do Boston Celtics? Claro que sim.

– Mais para o final de sua carreira, bem depois de já ter alcançado a glória e mesmo quando estava jogando com um time abaixo da média para seu padrão, ele tinha o hábito de chegar horas antes dos outros na quadra para executar um minucioso ritual.

– Ritual?

– Ele batia a bola bem devagar por toda a quadra, olhando para o piso o tempo inteiro. Por quê? Ele fazia questão de checar cada centímetro – cada centímetro – da quadra para ter certeza de que saberia onde estavam as imperfeições. Assim, caso estivesse com a bola e seu time estivesse ganhando ou perdendo por um ponto, ele jamais perderia o controle da bola ao quicá-la num determinado local que pudesse desviá-la.

– Ele fazia isso em todos os jogos? Incrível!

– É realmente inacreditável. Um homem que ganhava milhões de dólares, sozinho na quadra, fazendo o que ninguém mais estava disposto a fazer. Ele obteve sucesso porque assumiu responsabilidades e desafios que as pessoas malsucedidas não queriam encarar. Larry Bird tinha uma habilidade especial como jogador de basquete: arremessar a bola. Mas faltavam-lhe muitos dos atributos de um craque: ele não saltava nem corria muito bem, só sabia fazer cesta. Não era melhor que ninguém em nenhum outro quesito, mesmo assim é considerado um dos 50 melhores jogadores da história do basquetebol.

Jonathan ficou em silêncio por um momento, deixando Arthur digerir a informação antes de continuar:

– Ele estava disposto a trabalhar com mais determinação e mais inteligência que qualquer outro, por isso obteve sucesso enquanto jogadores naturalmente mais talentosos não conseguiram chegar lá. Dizem que ele praticava 300 arremessos por dia após o treino.

– E mesmo depois de ter chegado ao topo ele manteve essa rotina? Quando poderia ficar numa boa, comendo caixas e mais caixas de bombons e usufruindo seu salário multimilionário? É realmente impressionante – disse o motorista. – Em vez de curtir a aposentadoria, ele continuou dando duro.

– Pois é. Para ele, cada jogo era como o primeiro. Bird encarava todas as oportunidades de treinar com seriedade, até mesmo quando a concorrência não valia o esforço.

– Será que há tempo para mais um exemplo, Sr. Patient? Se não se incomodar, é claro.

– Tenho um outro exemplo tirado dos esportes. Já vi você usando um boné do New York Yankees. Torce por eles?

– Adoro beisebol. Sempre que dá, vou ver os Yankees jogarem.

– Já ouviu falar do receptor Jorge Posada?

Arthur balançou a cabeça afirmativamente.

– Quando Jorge era bem mais jovem, seu pai, Jorge Luís, perguntou-lhe se gostaria de jogar na primeira divisão de beisebol dos Estados Unidos. Jorge Luís é "olheiro" do time Colorado Rockies e já jogou na equipe olímpica de Cuba, de modo que conhece muito bem não só beisebol como também outros esportes. O rapaz respondeu que sim: "Claro, quero ser jogador profissional e participar dos campeonatos mais importantes." O pai virou-se para ele e disse: "Então, a partir de amanhã, você será receptor." Posada protestou: "Mas, pai, sou defensor da segunda base, não receptor!" O jovem implorou ao pai que o deixasse jogar na segunda base, mas ele foi categórico: "Se quiser jogar na primeira divisão algum dia, você terá de ser receptor. Acredite em mim, sei do que estou falando."

– E o rapaz aceitou? – perguntou Arthur.

– Ele concordou e, no dia seguinte, começou a jogar como receptor. O treinador do time em que atuava na época não queria um receptor e expulsou-o da equipe. O jovem começou a procurar outro time e, finalmente, um deles aceitou-o como reserva. Um dia, o titular da posição machucou o joelho e Posada entrou para substituí-lo. Não era muito bom, mas tinha a habilidade necessária, e o treinador estava disposto a investir nele. Passado um tempo, Jorge Luís perguntou de novo ao filho se ele queria participar dos times da primeira divisão. Quando Posada falou que sim, o pai surpreendeu-o outra vez: "Bem, então amanhã você começa a rebater com a esquerda." O rapaz argumentou que era destro e recebeu a seguinte resposta: "Se quiser chegar às grandes ligas, você terá de se tornar um jogador que sabe rebater com as duas mãos."

– Que loucura! – exclamou Arthur.

– Pois é, mas Posada concordou e começou a rebater com a esquerda. Errou 16 vezes consecutivas até acertar uma (na contagem do próprio Jorge). Pelas contas do pai foram 23 vezes. Bem, em 1998, Jorge Posada marcou 19 home runs, dos quais 17 foram com a esquerda. Em 2000, marcou um home run com a esquerda e outro com a direita, no mesmo jogo. Bernie Williams fez a mesma coisa, e foi a primeira vez na história do beisebol que dois jogadores do mesmo time conseguiram essa façanha.

Posada marcou 28 home runs naquele ano e participou do amistoso All-Star Game, com os maiores craques do beisebol. Em 2001 foram 22 home runs. Em 2003, também chegou ao All-Star Game e assinou um contrato de 51 milhões de dólares. O melhor de tudo é que ele marcou 30 home runs, igualando-se a Yogi Berra no recorde de maior número de home runs marcados por um receptor na história dos Yankees.

– E agora já sei a razão de todo esse sucesso. Ele estava disposto a superar obstáculos que outros jogadores não queriam enfrentar.

– Isso mesmo. Concordou em ser receptor quando achava que devia estar na segunda base, encarou o desafio de aprender a rebater com a esquerda embora fosse destro. Para ter sucesso, estava disposto a fazer escolhas e sacrifícios que pessoas malsucedidas não fariam.

– Sr. Patient, muito obrigado por me contar essas histórias. Tenho pensado em como aplicar essas lições em minha vida. Mas tenho uma dúvida. Naquela pesquisa do bombom, as crianças tinham de quatro a seis anos e parece que ficou comprovado que o fato de comerem ou não os doces no passado foi determinante para alcançarem o sucesso no futuro. Então, o que acontece com devoradores de bombons como eu? Será que podemos mudar e ser bem-sucedidos ou estamos condenados a comer todos os bombons que aparecerem na nossa frente, pelo resto de nossas vidas?

– Sempre é possível mudar, Arthur. Se eu não acreditasse nisso, nem perderia tempo lhe contando essas histórias. É claro que é mais fácil resistir aos bombons na fase adulta se você tiver treinado adiar sua gratificação a vida toda. Mas também seria mais fácil rebater com as duas mãos sendo ambidestro, em vez de destro ou canhoto. O sucesso não depende de circunstâncias passadas ou atuais. Depende da disposição para se fazer o que é preciso. Quando você demonstrar essa força de vontade, estará dando o primeiro passo para se tornar bem-sucedido. A palavra mais importante é *agora*.

– Ótima notícia, Sr. Patient. Acho que entendi: o que determina nosso futuro não é o que fizemos no passado, e sim o que estamos dispostos a fazer no presente.

– Isso mesmo, Arthur. A pergunta que você deve se fazer é: o que estou disposto a fazer hoje para ter sucesso amanhã?

– São muitas informações novas e tenho de refletir sobre elas. O pior é que o senhor não estará por perto para esclarecer minhas dúvidas. O senhor vai mesmo para Buenos Aires amanhã de manhã?

– Vou, sim. E fico lá cinco dias. Teremos muito o que conversar quando eu voltar.

◆ ◆ ◆

Arthur anotou em seu caderno naquela noite:

O sucesso não depende de você ter comido ou deixado de comer o bombom no passado. O sucesso depende daquilo que você está disposto a fazer hoje para se tornar bem-sucedido amanhã.

O motorista olhou para os quatro bombons que ainda estavam em cima da mesinha-de-cabeceira. No dia seguinte, teria oito. Quando o Sr. Patient retornasse, se não tivesse comido nenhum, teria... 16, 32, 64, 128 bombons! Precisaria comprar várias caixas de bombons!

Arthur abriu a carteira e ficou surpreso ao descobrir que, na véspera do pagamento semanal, ainda tinha quase US$ 200. Como era possível? Em geral, no dia em que depositavam seu salário, ele estava com US$ 20 no bolso – isso quando não ficava sem um tostão e tinha de catar moedas espalhadas pelo carro. Normalmente ele ficava confuso, sem saber para onde o dinheiro tinha ido. Agora estava perplexo, sem saber para onde o dinheiro *não* tinha ido.

◆ ◆ ◆

Ansioso por descobrir a razão de ainda ter tanto dinheiro, Arthur pegou o caderno e fez uma lista:

Dinheiro economizado comendo em casa: US$ 70

Ele não perdeu nenhuma das refeições preparadas por Esperanza durante toda a semana. Ficou mais tempo em casa – muito mais – e estava sempre presente na hora do almoço e do jantar. O atual emprego oferecia uma mordomia e tanto: ele não precisava gastar dinheiro com comida. Podia fazer todas as refeições na casa do Sr. Patient, e o melhor é que os pratos eram preparados por uma cozinheira de mão-cheia. No entanto, pelo menos duas vezes por dia, ele parava numa lanchonete para comer um sanduíche ou outra bobagem qualquer. Se poupasse US$ 70 toda semana, teria US$ 3.640 no final do ano. Desde a compra do Mustang aos 18 anos, ele nunca mais conseguira poupar grandes quantias.

Dinheiro economizado indo com menos freqüência a bares: US$ 50

Arthur não era de beber muito, mas costumava ir uma ou duas vezes por semana a algum barzinho. Gastava, no mínimo, US$ 20 por noite – isso quando não pagava bebida para um colega ou uma mulher interessante. Esta semana tinha ficado tão envolvido pensando na teoria dos bombons, e em como parar de comê-los, que poupou US$ 50 sem nem mesmo tentar economizar. Se fizesse isso toda semana, teria US$ 2.600 no final do ano.

Dinheiro economizado deixando de jogar pôquer por uma semana: US$ 50

O motorista ficou tão ocupado fazendo pesquisas na internet, no computador do Sr. Patient, na quinta-feira à noite, que simplesmente se esqueceu do jogo. Ele jogava pôquer muito bem – nunca tinha perdido todo o seu salário, como alguns dos companheiros –, mas estaria se enganando se dissesse que ganhava sempre. Normalmente, chegava lá com US$ 100. Às vezes, voltava para casa com US$ 200. Outras vezes, chegava de bolsos vazios. Em média, gastava US$ 50 por semana jogando pôquer.

◆ ◆ ◆

Então, esta semana, ele havia poupado US$ 70 em comida, US$ 50 nos bares e mais US$ 50 no pôquer. Somando os valores, dava US$ 170. Semana passada, teria ficado feliz da vida se tivesse US$ 30 na carteira na véspera do pagamento. Inacreditável. A maior despesa de Arthur na semana tinha sido a caixa de bombons!

O que aconteceria se poupasse essa quantia todas as semanas? Seria possível? Lógico que sim, afinal ele havia acabado de comprovar isso. Mas seria realista?

Comer em casa seria fácil. Mesmo que não estivesse lá na hora da refeição, a cozinha sempre estava aberta para ele. Em poucos minutos ele podia preparar um bom bife ou um omelete caprichado. Qual era a vantagem de gastar dinheiro com fast-food tendo à disposição uma saborosa comida caseira?

Sim, poderia poupar US$ 70 por semana em alimentação, o que representaria uma economia anual de US$ 3.640.

E as despesas semanais de US$ 50 em bares? Com certeza, continuaria indo a um barzinho de vez em quando, mas, se diminuísse a freqüência dessas saídas, permitisse que os colegas lhe pagassem um drinque, para variar, e não ficasse tentando impressionar as garotas, seria fácil poupar US$ 30 por semana – o que significaria US$ 1.560 no final do ano.

E o pôquer? Arthur adorava jogar e não queria abrir mão desse prazer. E se não jogasse com tanta assiduidade, participando semana sim, semana não? Economizaria US$ 1.300 por ano.

Arthur fez as contas:

Economia com comida:	**US$ 3.640 por ano**
Economia com bebida:	**US$ 1.560 por ano**
Economia com jogo de pôquer:	**US$ 1.300 por ano**
Total:	**US$ 6.500 por ano**

Só de brincadeira, Arthur fez mais um cálculo antes de fechar o caderno. Contou 25 bombons na caixa que comprou. Ao preço de US$ 2,70 a caixa, poderia comprar 2.400 caixas ou 60 mil bombons com sua poupança anual! Ou, quem sabe, algo mais valioso...

A cabeça de Arthur estava fervilhando quando ele foi se deitar. Ele não conseguia parar de pensar no que o Sr. Patient lhe dissera: ele não estava condenado a viver uma vida de realizações limitadas. O que foi mesmo que ele disse? Não se lembrava exatamente das palavras, mas era algo assim:

O sucesso não depende do passado nem do presente. O sucesso começa quando você se dispõe a fazer coisas que pessoas malsucedidas não fariam.

◆ ◆ ◆

Arthur tinha algum tempo livre antes de buscar Jonathan Patient no aeroporto. Foi até uma papelaria e comprou pincéis atômicos e um quadro branco, que pendurou em seu quarto. Em letras bem grandes, escreveu o que tinha aprendido na semana anterior:

- **Não coma o bombom logo de saída. Espere pelo momento certo, pois assim poderá comer mais bombons.**

- **Pessoas bem-sucedidas cumprem o que prometem.**

- **Um dólar duplicado todo dia por 30 dias equivale a mais de 500 milhões de dólares. Pense no longo prazo.**

- **Para obter o que deseja das pessoas, é preciso que elas confiem em você e queiram ajudá-lo.**

- **A melhor maneira de conseguir que as pessoas façam o que você quer é exercendo influência sobre elas.**

- **Pessoas bem-sucedidas estão dispostas a fazer o que pessoas malsucedidas não querem fazer.**

- **O sucesso não depende do passado nem do presente. O sucesso começa quando você se dispõe a fazer coisas que pessoas malsucedidas não fariam.**

Logo abaixo, ele fez a seguinte pergunta:

O que estou disposto a fazer hoje para ter sucesso amanhã?

E listou as seguintes respostas:

- **Fazer as refeições em casa.**
- **Gastar menos em bares.**
- **Jogar pôquer duas vezes ao mês, em vez de uma vez por semana.**
- **Pensar a longo prazo.**

5
A MULTIPLICAÇÃO DOS BOMBONS

OBEDECENDO À REGRA DOS 30 SEGUNDOS

Arthur era o primeiro na fila das limusines, em frente ao setor de desembarque do aeroporto, quando Jonathan Patient retornou de Buenos Aires. Saltou do carro e segurou as malas do chefe.

– Bem-vindo, Sr. Patient! Fez boa viagem? Os argentinos trataram o senhor bem? Deu tempo para dançar uns tangos?

– Está tudo bem, Arthur. E com você? A viagem a Buenos Aires foi ótima, obrigado. Infelizmente, não tive nenhuma oportunidade de dançar. Mas pensei sobre as nossas conversas durante a viagem. Na verdade, a teoria do bombom se aplica tanto a países quanto a pessoas. Os argentinos, por exemplo, estão passando por um período muito difícil.

– Como assim?

– Bem, a Argentina é um país muito rico em termos de recursos naturais, no entanto passou por uma grave crise econômica. Há muitos anos, o país era a oitava economia do mundo. Agora, a situação não está nada boa. Não tão ruim quanto em Cuba ou no Haiti, mas em crise de qualquer maneira.

– Por quê?

– É uma questão muito complexa. São várias as razões. Corrupção no governo é uma delas, embora os argentinos estejam tentando combater esse problema. Outros motivos são a falta de planejamento e a falta de motivação da população, que é causada muitas vezes pela postura dos líderes políticos. O principal, contudo, é que a Argentina gastou mais do que produziu, um caso típico de comer os bombons cedo demais. Veja, por exemplo, Japão, Cingapura, Malásia ou Coréia do Sul. O desenvolvimento deles foi muito superior ao de muitos países da América Latina.

– E por quê?

– Bem, eles não comeram todos os bombons, Arthur. Pouparam muitos deles. Sou americano descendente de cubanos, por isso lamento profundamente pelos latino-americanos. Eles são bons e possuem as condições necessárias para ser bem-sucedidos. Juntos, detêm cerca de 35% dos recursos do mundo, porém são responsáveis por apenas 9% da produtividade mundial. Precisamos mudar isso, Arthur. E um dos meus objetivos na vida é ajudar os países da América Latina a se desenvolverem e alcançarem maior sucesso. O uso da internet, que está crescendo de forma impressionante, será fundamental para tirá-los da difícil situação em que se encontram.

– O senhor acha que os asiáticos são mais espertos do que os latino-americanos?

– Não, Arthur. Há gente muito inteligente em ambas as

regiões. Acho que essas diferenças têm a ver com a cultura.

– Falando nisso, Sr. Patient, lembra-se de que há algum tempo o senhor disse que eu podia usar o computador do quarto de jogos?

– Claro que sim, por quê?

– Bem, espero que não fique chateado, mas usei-o enquanto o senhor estava fora. Não tinha certeza se a oferta ainda estava de pé depois de tanto tempo. Sinto muito, se fui inconveniente.

– Se me lembro bem, eu lhe disse que poderia usar o computador quando ninguém estivesse usando, desde que fizesse isso com responsabilidade. Não foi isso?

– Sim, senhor.

– Você usou o computador para visitar sites pornográficos?

– De jeito nenhum!

– Fazer apostas?

– Não.

– Entrar em sites de compra e venda para dar lances sem ter condições de pagar?

– Não, Sr. Patient.

– Se você agiu com responsabilidade, pode continuar a usá-lo.

– Obrigado. Não vai querer saber por que usei o computador?

– Não, Arthur, tenho certeza de que me dirá na hora certa. Acho ótimo que se interesse por computadores. Eles são uma fonte inestimável de informação.

– É o que estou descobrindo, Sr. Patient.

– Mais alguma coisa? Um pouco antes de viajar você me perguntou a respeito da capacidade de resistir aos bombons. Mais alguma dúvida em relação a isso?

– Ando precisando de inspiração, de exemplos que possa seguir.

– Já lhe contei que meu pai estudou em Stanford – e que foi por isso que acabei sendo recrutado para a pesquisa do bombom –, mas nunca expliquei como ele foi parar lá e quanto foi importante para ele fazer o mestrado. Em Cuba, meu pai era um jornalista renomado, havia escrito 17 livros e conhecia Fidel Castro, a quem se opunha abertamente. Quando deixou o país, meu pai não possuía um centavo sequer, tinham lhe tirado tudo. Além disso, mamãe estava grávida de mim. Naquela fase, ele aceitava qualquer emprego que aparecesse, mas, por menor que fosse o salário, sempre dava um jeito de poupar alguma coisa. Diante da dificuldade de trabalhar como jornalista nos Estados Unidos, ele decidiu mudar de profissão. Começou a solicitar vaga nas universidades, até que conseguiu uma bolsa em Stanford, uma das maiores universidades do país. Teve de continuar trabalhando para arcar com as despesas da casa, mas conseguiu dar conta das duas coisas.

– Puxa, não sabia que o seu pai tinha enfrentado tantas dificuldades – comentou Arthur.

– Isso foi muito importante para a minha formação. Meu pai passou todos esses princípios para mim. Aos 13 anos, quando comecei a fazer pequenos serviços para os vizinhos a fim de ganhar uns trocados, ele insistiu para que eu abrisse uma poupança e guardasse algum dinheiro. Também me estimulou a tentar entrar nas melhores universidades do país. Eu me graduei e fiz MBA na Universidade de Colúmbia. Hoje vejo que meu pai tinha razão. É muito mais fácil conseguir um bom emprego quando se tem um diploma de uma boa universidade. A Xerox me contratou logo depois que me formei e, em pouco tempo, eu estava recebendo um bom salário. A lembrança do meu pai se esforçando para economizar um pouco, mesmo quando o dinheiro mal dava para pagar a comida, me fez poupar 10% de tudo o que ganhava. Também resolvi entrar para o plano de previdência privada da empresa – a Xerox, assim como outras companhias, dava uma contrapartida equivalente à minha colaboração para o fundo. Tudo estava correndo bem: eu recebia aumentos e promoções, tinha uma posição confortável e era relativamente bem-sucedido...

– E, então, o que aconteceu?

– Soube que havia uma empresa da internet que estava em dificuldades e tive de tomar uma decisão: ficar na Xerox e continuar subindo gradualmente os degraus da carreira corporativa ou aventurar-me a obter um sucesso muito maior num empreendimento próprio. Felizmente, alguns amigos da Xerox resolveram tentar a sorte comigo e compramos a E-xpert Publishing Inc. Remodelamos a empresa para melhor atender às necessidades do público, passando a trabalhar com Web design e marketing na internet. Depois, aproveitando a experiência em treinamento de executivos e de vendedores que adquiri na Xerox, conseguimos nos expandir oferecendo cursos via internet. Em vez de ir atrás de vários clientes pequenos, nos concentramos em fechar contrato com uma grande corporação, o que traria um lucro milionário, além da valorização da marca.

– Mas o que isso tem a ver com a teoria do bombom, Sr. Patient?

– O ponto que quero enfatizar, Arthur, é que um bocado de gente poderia ter feito o que fizemos com a E-xpert Publishing. Devem existir milhares de especialistas em treinamento para executivos no mundo que poderiam ter adaptado suas habilidades de ensino aos requisitos técnicos da internet. Além disso, metade deles deve ter experiência suficiente em vendas para reconhecer o poder de não comer o bombom, ou seja, não abocanhar os pequenos clientes, e sim esperar pelos maiores e mais importantes.

– É... mas nenhuma outra empresa fez isso.

– Fomos a primeira, mas muitas outras já tentaram desde que entramos no mercado. E muitas ainda vão ficar no nosso encalço.

– O que o senhor faz para se manter na liderança?

– Bom, Arthur, vou lhe mostrar algo que meu pai me deu quando eu era bem jovem.

Jonathan pegou a carteira, tirou de lá um pequeno pedaço de papel, desdobrou-o e leu:

Todas as manhãs uma gazela acorda na África.
Ela sabe que precisa correr mais rápido que
o mais veloz dos leões ou será morta.
Todas as manhãs um leão acorda na África.
Ele sabe que precisa correr mais rápido que
a mais vagarosa das gazelas ou morrerá de fome.
Não importa se você é um leão ou uma gazela.
QUANDO O SOL APARECER,
O MELHOR QUE TEM A FAZER É CORRER.

– Puxa, que provérbio excelente!

– É por isso que o guardo na carteira há quase 20 anos, Arthur. Acredito que temos de estar preparados todos os dias para correr mais rápido que os concorrentes e nos manter atualizados e atentos às demandas do mercado.

– Existe algum outro segredo para se obter sucesso?

– Temos de obedecer à regra dos 30 segundos. Qualquer um que domine essa regra vai ser mais bem-sucedido do que alguém que não sabe usá-la, mesmo que essa pessoa seja mais inteligente, mais talentosa e mais bonita.

– Que regra é essa?

– Não importa o que você faça para sobreviver. No fundo, relacionar-se com as outras pessoas é o principal negócio. São elas que vão decidir, nos 30 segundos iniciais do primeiro encontro, se querem ou não estabelecer uma relação com você.

– Então, ou você causa uma boa impressão logo de cara ou pode esquecer?

– Mais ou menos. Se as pessoas decidirem que gostam de você, tudo a seu respeito será visto sob uma luz favorável. Você dá pulinhos de alegria quando fecha uma venda? Alguém que goste de você vai elogiar seu entusiasmo; alguém que não goste dirá que isso é idiotice. Um entrevistador que simpatize com você poderá interpretar suas boas maneiras como sinal de que é atencioso; um que não goste poderá considerá-lo fraco. Se o gerente do departamento respeitar você, verá sua autoconfiança como força de caráter; se não, vai sair por aí dizendo que você é arrogante.

– E tudo isso com base na percepção?

– É. O que é genialidade para um é pura estupidez para outro. Tudo depende de como você é visto pelas outras pessoas. Capture essa percepção e terá capturado o coração da pessoa. A regra dos 30 segundos é um mandamento empresarial do qual você pode tirar partido, Arthur, já que tem o dom de se relacionar com os outros. Isso será de grande utilidade para você.

– Obrigado. Isso significa muito para mim, sobretudo vindo do senhor.

– Alguns especialistas estimam que 20% do nosso sucesso financeiro é resultado das nossas habilidades, dos nossos talentos pessoais e da nossa experiência, enquanto os 80% restantes vêm da nossa capacidade de nos relacionar com os outros e conquistar sua confiança e seu respeito. Esteja você numa entrevista de emprego ou pedindo um aumento salarial ou vendendo um produto ou serviço, quanto melhor se relacionar com as pessoas, maiores serão as chances de conseguir o que quer.

– Faz sentido, Sr. Patient. Conheci muitas pessoas que se achavam inteligentes, e provavelmente até eram, porém elas agiam de maneira tão grosseira e desagradável que não dava para confiar nelas. Por outro lado, conheci pessoas que me davam a impressão de que tinham algo de valor para dizer, mesmo que eu não soubesse ao certo suas qualificações.

– Porque você gostava delas?

– Acho que sim. Por mais que se diga que as aparências enganam e que não devemos julgar as pessoas antes de realmente conhecê-las, nós fazemos isso o tempo todo.

– Você tem toda a razão. Parabéns por reconhecer essa verdade. Como já lhe disse, você é perito nesse departamento de simpatia.

– Nem sei como lhe agradecer por me contar histórias tão inspiradoras, Sr. Patient.

– Imagine, Arthur.

– O senhor vai precisar de mim nas próximas horas? Se não, vou aproveitar para resolver umas coisas no centro.

– Não tenho planos de sair, Arthur. Vá em frente, vejo você amanhã pela manhã.

◆ ◆ ◆

Depois de deixar Jonathan Patient em casa, Arthur foi ao banco, abriu uma poupança e depositou o dinheiro que conseguira economizar até ali. Ainda faltavam alguns dias para receber o próximo salário, mas ele sabia que os US$ 50 que estavam na sua carteira seriam suficientes para passar o fim de semana, sem ficar quebrado.

Do banco, o motorista foi até uma livraria procurar um título que o Sr. Patient lhe recomendara. Em busca de novas fontes de inspiração para sua vida, ele queria aproveitar o fim de semana para se dedicar à leitura. Depois de comprar o livro, Arthur parou num bar para tomar um drinque – apenas um. Afinal, era sexta-feira e ele não era de ferro.

De lá, voltou para a casa do patrão, torcendo para que o computador não estivesse sendo usado, pois queria fazer uma pesquisa sobre faculdades e novas oportunidades de carreira.

◆ ◆ ◆

Enquanto isso, Jonathan Patient refletia sobre o recente interesse de seu motorista por computadores e resolveu lhe dar um antigo laptop. Toda a propriedade estava conectada à internet e Arthur poderia usar o computador sempre que quisesse. Embora estivesse cansado da viagem, decidiu ele mesmo entregar o computador, em vez de pedir a um dos empregados da casa que o levasse.

A caminhada o ajudaria a livrar-se do estresse provocado pelo longo vôo, e ele queria deixar o laptop no quarto de Arthur antes que o motorista voltasse da rua. Seria uma boa surpresa.

Mas foi Jonathan quem ficou surpreso ao entrar na antiga casa do caseiro e ver algumas novidades extraordinárias: um quadro com uma lista de ensinamentos que ele havia passado recentemente ao motorista, 12 montinhos de 10 bombons e um com apenas oito. Jonathan fez um cálculo rápido e concluiu que, ao que tudo indicava, Arthur estava duplicando bombons por sete dias. Se continuasse por mais tempo, a casa logo, logo ficaria atulhada de bombons.

Sem disfarçar o riso, saiu sem tocar em nada, levando de volta o computador. Não queria que Arthur se sentisse constrangido, se soubesse que o patrão estivera lá. Um empregado poderia entregá-lo mais tarde ou no dia seguinte.

6
UMA MENTALIDADE VENCEDORA

A RECOMPENSA DA GRATIFICAÇÃO ADIADA

Na semana seguinte, Arthur estava ocupadíssimo com uma nova missão: devolver caixas e mais caixas de bombons aos supermercados da vizinhança. A experiência de duplicar bombons provou ser difícil de administrar – e cara. Passados 12 dias, ele tinha mais de 2.000 bombons no seu quarto. Ainda bem que tinha parado de abrir as caixas na segunda semana e, portanto, conseguiu devolver mais de 76 das 82 caixas que comprou.

Embora se sentisse um pouco sem jeito de ir de mercado em mercado, colecionando olhares curiosos e comentários dos caixas, estava orgulhoso de si mesmo:

- Não havia comido nenhum dos bombons.
- Cumpriu a experiência sem cair em tentação por 12 dias.
- Gastou US$ 222 em bombons mas, como não abriu a maioria das caixas, conseguiu recuperar mais de US$ 200, que foram direto para a poupança.

A devolução dos bombons, no entanto, não significava que

Arthur havia desisitido da experiência de duplicar um bombom por dia durante 30 dias. Muito pelo contrário, ele estava determinado a levá-la a cabo. Mas, com o computador emprestado do Sr. Patient, tinha encontrado um modo mais fácil (e bem mais barato) de seguir em frente. Colocou a foto de um bombom num documento e, usando o recurso recortar-e-colar, pôde visualizar como os números iam crescendo na tela do laptop. E para manter um registro do crescimento, também preparou uma tabela:

Dia 1	**1**
Dia 2	**2**
Dia 3	**4**
Dia 4	**8**
Dia 5	**16**
Dia 6	**32**
Dia 7	**64**
Dia 8	**128**
Dia 9	**256**
Dia 10	**512**
Dia 11	**1.024**
Dia 12	**2.048**
Dia 13	**4.096**
Dia 14	**8.192**
Dia 15	**16.384**
Dia 16	**32.768**
Dia 17	**65.536**
Dia 18	**131.072**
Dia 19	**262.144**
Dia 20	**524.288**
Dia 21	**1.048.576**
Dia 22	**2.097.152**
Dia 23	**4.194.304**

Dia 24	**8.388.608**
Dia 25	**16.777.216**
Dia 26	**33.554.432**
Dia 27	**67.108.864**
Dia 28	**134.217.728**
Dia 29	**268.435.456**
Dia 30	**536.870.912**

Arthur também começou a classificar aqueles que conhecia como "devoradores de bombons" e "resistentes a bombons". Esse novo paradigma provou ser esclarecedor, pois ele descobriu que já não nutria a mesma simpatia e admiração pelos devoradores, passando a se solidarizar com os que lutavam para resistir.

Por exemplo, seu amigo George era o queridinho das mulheres e toda semana aparecia de braços dados com um novo "bombom".

Por muito tempo, Arthur invejou o placar de George, pois ninguém conquistava *mais* mulheres do que ele. Mas agora, se lhe fosse dada a opção, Arthur teria preferido uma única e maravilhosa namorada a dúzias de garotas fáceis, com quem passaria apenas uma noite. Contudo, se não mudasse seu comportamento em relação às mulheres, como iria encontrar essa pessoa especial? Impossível ter tudo: ou ele se dedicava a construir um relacionamento sério – o que demanda bastante tempo – ou saía com uma porção de mulheres. Infelizmente, não dá para guardar o bombom que já se comeu.

Pensou no amigo Nicolas. As mulheres o adoravam e o chamavam para sair o tempo todo. Mas ele dizia não à maioria delas, o que Arthur considerava uma loucura. Só que agora Nicolas parecia ter tirado a sorte grande: estava namorando há mais de dois anos uma moça inteligente, divertida, bonita, que o próprio Arthur lhe havia apresentado. Por que ele entregou de bandeja uma garota tão especial? Porque, depois de sair com ela algumas vezes, não conseguiu resistir ao "bombom" seguinte que conheceu.

O motorista também ponderou sobre os companheiros de pôquer. Até no jogo de cartas era possível resistir aos bombons, em vez de comê-los. Veja o Eric: apostava em todas as mãos, por mais remotas que fossem as chances de ganhar, e procurava forçar os outros jogadores a pular fora antes que tivessem oportunidade de vencê-lo. Thomas, por outro lado, entregava os pontos de cara, na maioria das vezes. Entretanto, quando tinha uma boa mão, procurava não vencer por pouco. Jogava de tal forma que todos continuassem a apostar até que a mesa estivesse alta – então abria as cartas. Thomas era o que ganhava com menos freqüência no pôquer; porém, ele faturava as maiores quantias. Arthur sempre considerara aquele estilo de jogo enfadonho, mas não havia nada de chato em ganhar! Quem sabe Arthur poderia aprender alguma coisa com o amigo.

Thomas só se interessava pelas grandes boladas acumuladas, bem ao estilo do Sr. Patient, que não saía atrás de qualquer oportunidade, preferindo se guardar para os maiores clientes e as maiores vendas. Se Arthur pudesse descobrir um jeito de aplicar a teoria do bombom tanto na vida profissional quanto na pessoal, teria uma estratégia espetacular. Será que conseguiria?

Até aquele momento, ele estava economizando dinheiro com algumas medidas simples, como gastar menos com bebida e jogo e comer em casa. O que mais poderia fazer? O que mais estaria disposto a fazer hoje para ser bem-sucedido no futuro?

Enquanto dirigia de volta para casa, começou a preparar mentalmente uma lista:

COISAS QUE ESTOU DISPOSTO A FAZER PARA SER BEM-SUCEDIDO:
Gastar menos? Sim. Reduzir gastos com lazer.
Poupar mais? Sim. Tentar economizar US$ 200 por semana.
Melhorar de salário? Sim, mas como?

Arthur ainda estava pensando no que poderia fazer quando chegou em casa. O emprego de motorista o deixava com muito tempo livre, contudo demandava que estivesse disponível 24 horas por dia, sete dias por semana. Simplesmente não havia jeito de arrumar outro emprego regular, como de entregador de pizzas, pois demoraria horas para entregar a calabresa do cliente caso o Sr. Patient o chamasse pelo celular. Precisava pesquisar um pouco mais e descobrir um trabalho que se encaixasse na sua realidade. Enquanto isso, será que haveria outras maneiras de aumentar sua renda?

Respirou fundo, foi até o armário, abriu-o e pegou a coleção de cartões de beisebol. Nos Estados Unidos, como o beisebol é um esporte muito popular e antigo, esses cartões podem valer muito. Aquela coleção era sua paixão! Por 10 anos tinha sido um colecionador aplicado. Agora, alguns dos cartões deviam valer um bom dinheiro. Será que conseguiria se desfazer deles? Valeria a pena? Estava relutante por razões emocionais ou financeiras? Mais uma questão para pesar.

Arthur não estava muito satisfeito com a lista que fizera. Talvez precisasse de uma abordagem diferente. Se definisse primeiro sua meta, conseguiria descobrir com mais facilidade os meios para alcançá-la. E o que ele havia decidido, nas duas últimas semanas, que seria sua prioridade número um? Qual era o tema principal das suas pesquisas na internet, o grande segredo que vinha guardando para si mesmo?

Objetivo n.º 1: Entrar para a faculdade

Ele estava absolutamente convencido de que precisava fazer um curso de nível superior se quisesse ser bem-sucedido nas áreas que lhe interessavam. Então, o que estaria disposto a fazer para alcançar essa meta? Gastar menos e poupar mais? Sim. E iria procurar outras maneiras de fazer dinheiro, aumentando seus ganhos e vendendo coisas de que não precisava.

Dinheiro não era, contudo, a única precondição para entrar para a faculdade. Primeiro ele precisava passar para algum curso. Anotou uma nova questão:

O QUE ESTOU DISPOSTO A FAZER PARA ENTRAR PARA A FACULDADE?

- **Estudar 10 horas por semana.**

Arthur tinha encontrado alguns modelos de provas na internet e livros para estudar na biblioteca. Não havia dúvida de que poderia dedicar pelo menos duas horas por dia aos estudos.

- **Buscar informações sobre bolsas de estudo e programas de crédito educativo.**

Arthur ficou surpreso ao descobrir que podia pesquisar na internet quase tudo o que precisava saber sobre as instituições que oferecem bolsas de estudo e os programas de financiamento estudantil. Podia levantar os prazos de inscrição, os critérios de seleção, além de outras exigências. Em alguns casos, podia até mesmo fazer a inscrição pela internet.

- **Visitar as universidades que gostaria de cursar e os programas para bolsistas.**

O Sr. Patient afirmara que a maior parte do sucesso se baseava no modo como nos relacionamos com os outros. Arthur sabia que, em primeiro lugar, teria de passar nas provas, mas esperava que o contato pessoal pudesse ajudá-lo a obter uma bolsa parcial ou um financiamento estudantil. Aos 28 anos, na condição de motorista e com um currículo escolar medíocre, iria precisar de toda a sua simpatia para ter alguma chance na disputa com jovens estudantes com notas invejáveis.

- **Dar a mim mesmo algum crédito por ter enfrentado o desafio do bombom.**

Talvez fosse uma besteira, mas Arthur resolveu manter esse item na lista. Afinal de contas, fazia apenas três semanas que tinha sido apresentado à história do bombom e já havia feito mudanças substanciais em sua vida. Há alguns minutos, tinha se recriminado por sua lista do que estava disposto a fazer ser tão curta. Ainda estava em dúvida se deveria ou não vender a coleção de cartões de beisebol. Uma atitude positiva o ajudaria a manter o foco.

Antes de terminar, escreveu:

Daqui a três dias vou ter 1 milhão de bombons.

7
A EQUAÇÃO DO BOMBOM

PROPÓSITO + PAIXÃO = PAZ DE ESPÍRITO

— Arthur, faz algumas semanas que conversamos pela primeira vez sobre a experiência do bombom. Essa história causou algum impacto na sua vida?

– De uma forma que o senhor não acreditaria – o motorista respondeu enquanto dirigia até o centro. – Na verdade, posso lhe dizer com a maior precisão há quantos dias o senhor comparou meu Big Mac a um bombom: 29!

– Como você pode ter tanta certeza?

– Porque, no dia em que me apresentou à teoria do bombom, o senhor também me falou sobre duplicar um dólar todo dia por 30 dias, o que resultaria em mais de 500 milhões de dólares. Achei que seria divertido duplicar bombons e amanhã, o 30.º dia, terei 536.870.912 bombons. E, se duplicar outra vez, terei mais de *1 bilhão de bombons.*

– Arthur, não me diga que você tem 500 milhões de bombons guardados em casa.

– Não, eu precisaria ser milionário para comprar tantos bombons. Não precisa se assustar. Parei de usar bombons de verdade cerca de duas semanas atrás, pois estavam me custando uma fortuna. Agora tenho simplesmente multiplicado os bombons no computador que o senhor me emprestou.

– Que lhe dei, Arthur. É todo seu.

– Obrigado!

– De nada, Arthur. Posso ver que fiz um bom investimento ao lhe dar o computador. Parece que está descobrindo coisas interessantes com ele.

– O senhor ficaria surpreso. Sabia que cancelei um encontro com uma garota, na semana passada, porque estava negociando pela internet a venda de alguns dos meus cartões de beisebol?

– Desistiu de sair com a namorada para trocar cartões de beisebol?

– Trocar, não; vender. Já ganhei mais de 3 mil dólares ao convencer um comprador a levar cinco cartões, em vez de apenas um. E, se tivesse vendido toda a coleção de uma só vez para outro negociante, teria feito menos de 2 mil dólares.

– Você não comeu o bombom! Parabéns, Arthur! Sua coleção deve valer um bom dinheiro.

– Estou planejando faturar no mínimo 10 mil dólares vendendo os cartões avulsos ou em pequenos lotes. Fiz a avaliação pela internet e também levei minha coleção a alguns revendedores locais.

– Mais uma vez, meus parabéns. Mas por que você resolveu vender a coleção? Está em dificuldades financeiras?

– Não, muito pelo contrário, estou economizando. Só que, por enquanto, prefiro não lhe contar por quê.

– Tudo bem, Arthur. Posso lhe dar um conselho?

– Lógico.

– Quero que saiba que aprovo sua ambição e motivação, e estou certo de que conseguirá todo o sucesso que quiser.

– Mas qual é o conselho? Estou fazendo algo errado?

– Não, Arthur. Só quero que saiba que todo mundo, inclusive eu, come um bombom de vez em quando. Não seja muito rígido com você mesmo, se cometer um deslize uma vez ou outra. Talvez, em determinado momento, você se canse de vender os cartões de beisebol um a um e queira se desfazer do restante da coleção por menos do que imaginava que conseguiria. Pode ser que acabe ganhando 5 mil dólares, em vez dos 10 mil que planejou. Não fique com raiva de si mesmo por deixar de obter um lucro potencial de 5 mil dólares. É importante manter o foco nas realizações. Se você faturar 5 mil dólares com a venda, ainda assim terá conseguido 3 mil dólares a mais do que se tivesse fechado um pacote com um revendedor logo de saída – e 5 mil dólares a mais do que se tivesse deixado a sua coleção trancada no armário.

– Obrigado. Sei o que o senhor quer dizer. Tive de escrever a seguinte observação no meu caderno de notas: "Dê crédito a você mesmo", para levantar meu astral quando eu estiver desanimado. O mais engraçado é que quanto mais me concentro na minha meta, quanto mais empolgado eu fico, menor a tensão para alcançá-la. Todas as vezes que adio minha gratificação e cumpro alguma etapa para atingir meu objetivo, me sinto mais confiante na minha capacidade de seguir em frente. Faz sentido?

– Claro que sim, Arthur. Acho que tenho uma fórmula que se aplica perfeitamente ao que você está me dizendo.

– Qual?

– Propósito + Paixão = Paz de Espírito.

– Gostei! Quando temos um propósito e agimos com paixão para alcançá-lo – fazendo tudo o que pode ser feito –, o efeito é tranqüilizador. Semanas atrás, eu estava angustiado, em dúvida mesmo, se algum dia teria sucesso. Agora que tenho um propósito em mente e estou me esforçando para alcançá-lo, não estou mais preocupado *se* vou conseguir. Estou me concentrando em *como* e *quando*.

– Perfeito, Arthur. Talvez devêssemos modificar a equação, para acrescentar o que acabou de dizer: Propósito + Paixão + Ação = Paz de Espírito.

– Com certeza a parte da "ação" faz toda a diferença. Se estiver agindo, mesmo que pouco, sou recompensado com uma sensação de paz. Meu primeiro passo foi escrever num caderno uma pergunta que o senhor me fez: "O que estou disposto a fazer hoje para ter sucesso amanhã?" Cada vez que acrescento um novo item à minha lista, sinto-me um pouco melhor. E sempre que coloco em prática uma resposta, melhor ainda. Todas as vezes que abro mão de comer um bombom – como ontem, quando passei pelo McDonald's e resisti à tentação da gratificação instantânea do fast-food – e me guardo para algo melhor, parece que recebi uma injeção de ânimo.

– Estou muito feliz por ouvir isso, Arthur. O que começou com um comentário mal-humorado, por eu estar aborrecido com meus problemas no trabalho, parece ter provocado mudanças impressionantes em você. Tem certeza de que ainda não está pronto para me dizer qual é o seu grande segredo – o seu bombom?

– Ainda não. Prometo que o senhor será a primeira pessoa a saber. Vou lhe contar assim que puder.

8
O LADO SENTIMENTAL DO BOMBOM

Arthur estacionou diante do arranha-céu onde ficava a sede da E-xpert Publishing. Respirou fundo, armando-se de coragem para entrar. O suor escorria-lhe pela testa, as mãos tremiam e a boca estava seca.

O motorista prometera ao chefe que ele seria a primeira pessoa a saber de seus planos e pretendia cumprir sua palavra. Não dava mais para adiar aquela conversa: seu "plano" se tornaria realidade em apenas algumas semanas. Difícil acreditar que fazia oito meses desde que o Sr. Patient lhe contara a história do bombom – um marco em sua vida. Nem podia crer que estava com tanto medo de enfrentá-lo.

A última vez que ficara tão nervoso foi ao convidar Amy Thompson para a festa de formatura do colégio. De tudo o que Arthur havia escrito na lista do que estava disposto a fazer para ser bem-sucedido no futuro, a tarefa que tinha pela frente era, de longe, a mais difícil e a que mais havia protelado.

Enchendo-se de coragem, saiu do carro, trancou a porta e foi direto para o elevador que o levaria ao 28.º andar. Conhecia vagamente o pessoal da E-xpert – às vezes o Sr. Patient lhe pedia para buscar alguns documentos no escritório – e sentiu-se aliviado quando a recepcionista cumprimentou-o carinhosamente e indicou a direção da sala de Jonathan Patient, sem lhe perguntar nada.

– O senhor tem um minuto?

– Claro, Arthur. Entre. Aconteceu alguma coisa?

– Sim e não. Oficialmente, vim pedir demissão. Só poderei trabalhar com o senhor até o final do mês. Terei muito prazer em treinar alguém para me substituir e fazer qualquer outra coisa para ajudá-lo nesse período de transição...

– Mas o que aconteceu, Arthur? Você está insatisfeito com o trabalho ou com alguma coisa que tenha ocorrido? Não estou tratando você bem?

– Não, não, Sr. Patient! Nada poderia estar mais longe da verdade. Foi exatamente por ter sido tão bem tratado, por ter aprendido tanto com o senhor, que encontrei forças para... voltar a estudar. Passei para a Universidade Internacional da Flórida.

– Parabéns, Arthur! Estou impressionado com a sua conquista e muito satisfeito por você. Você vai conseguir arcar com as despesas do curso?

– Não vai ser fácil. Mas nesses oito meses, desde que me explicou sobre adiar a gratificação, sobre não devorar todos os bombons que aparecessem na minha frente, poupei mais de 15 mil dólares. Consegui isso economizando boa parte do meu salário, vendendo minha coleção de cartões de beisebol e abrindo um pequeno negócio que me rendeu algum dinheiro.

– Um negócio, Arthur? Que tipo de negócio?

– Depois de ter vendido a coleção de cartões de beisebol, fiquei pensando... Nunca fui assim tão aficionado pelos cartões propriamente ditos, gostava mesmo era de colecionar e fechar um negócio vantajoso. Então comecei a procurar uma forma de abrir mão dos cartões, sem sacrificar o prazer que me davam, e acabei descobrindo um jeito de ter uma renda extra.

– Como, Arthur?

– Eu me transformei numa espécie de corretor de cartões de beisebol, atuando como intermediário para os colecionadores nas compras e vendas pela internet. Basicamente funciona assim: o proprietário fixa o valor que deseja receber por determinado cartão. Se eu conseguir até 85% dessa quantia, recebo uma comissão pequena. Mas, se vender por mais, fico com metade do extra como bônus, e é assim que dá para fazer um bom dinheiro. O cliente fica feliz, porque conseguiu mais do que queria, e eu fico radiante quando fecho uma grande venda. Não vou ficar rico, mas vai dar para pagar os livros e os Big Macs. Sem a comida da Esperanza, provavelmente voltarei a comê-los!

Jonathan Patient ficou calado por um momento, então abriu uma gaveta e tirou de lá um envelope.

– Arthur, você está convidado a aparecer sempre que quiser para saborear uma comida caseira. Se avisar com alguma antecedência, posso pedir à Esperanza que prepare uma paella especial e reserve a melhor porção, com um bom pedaço de lagosta, para você!

– Obrigado, mas não é da comida da Esperanza que vou sentir falta, é do senhor.

– Arthur, você não precisa me chamar mais de senhor. Também vou sentir sua falta, porém, venho me preparando para este dia. Percebi como você mudou e cresceu muito nos últimos meses. Estava certo de que você teria sucesso e que faria coisas que as pessoas malsucedidas não estão dispostas a fazer. Por isso, seis meses atrás, guardei algo para você. Tome, é seu.

Arthur pegou o envelope que Jonathan Patient lhe entregou.

– Sr. Patient! Tem meu nome escrito!

– Tem sim, Arthur, é seu! E, agora que está prestes a se tornar um colega empresário, acho que está na hora de me chamar de Jonathan.

Ele abriu o envelope e prendeu a respiração quando viu o que tinha dentro.

– Sr. Patient! Quero dizer, Jonathan, é...

– O suficiente para cobrir suas despesas com a faculdade durante quatro anos. Sei que você conseguiria sem minha ajuda. De fato, foi exatamente por ter demonstrado que se sairia bem por conta própria que eu gostaria que aceitasse o presente. Você trabalhou duro por longos anos e fez por merecer. É hora de apreciar um bombom ou dois. Também sei que um dia, quando for muito bem-sucedido, você fará o mesmo por alguém que tenha potencial e precise de um pouco de ajuda.

Arthur deu um forte abraço em Jonathan. Os dois homens ficaram abraçados por alguns segundos, visivelmente emocionados.

DEPOIS DA PARÁBOLA

Resistir aos bombons é mais que uma teoria – é um estilo de vida. Independentemente da sua profissão, do que você considera felicidade ou do que julga ser o relacionamento ideal, na esfera pessoal ou profissional, resistir aos bombons vai lhe trazer sucesso. Também não importa quantos doces estão ao alcance da sua mão. Qualquer pessoa pode obter bombons em fartura se seguir os princípios estabelecidos neste livro.

E qual será a recompensa?

Você vai poder mandar seus filhos para a faculdade. Vai poder voltar a estudar e entrar para a faculdade! Vai criar relacionamentos comerciais mais duradouros e lucrativos. Ao se aposentar, será capaz de manter o mesmo padrão de vida. Será que é justo trabalhar 50 anos e no final não ter nada? Se você seguir a idéia central da teoria do bombom, nunca vai passar por esse tipo de dificuldade.

MUITOS HOJE, NENHUM AMANHÃ

Resistir aos bombons não é uma atitude fácil nem muito popular. Nós nos tornamos uma sociedade fast-food. Culturalmente, tanto no nível individual como no empresarial, estamos o tempo todo interessados na gratificação *imediata*, nos lucros *instantâneos*. O que precisamos fazer é rever nossas prioridades. Ao longo da vida, você fará milhões de escolhas, e cada uma delas determinará quem você é, o que faz e o que será ou possuirá. Muitas pessoas começam a vida na riqueza e terminam na pobreza, enquanto inúmeras outras saem da miséria e acabam milionárias. Não culpe nem coloque todas as fichas em seu passado. O importante é o que você faz com os recursos que tem hoje: como usa seus talentos, conhecimentos, personalidade, persistência, dinheiro e capacidade para resistir aos bombons. É isso o que importa.

Então como você deve aplicar essa teoria na sua vida? Vou lhe dar alguns exemplos verdadeiros que irão ajudá-lo a praticar o que Arthur aprendeu com a parábola. Começarei com a minha própria história. Se tivesse sido um dos participantes do experimento do bombom aos quatro anos, eu o teria comido antes mesmo de o pesquisador sair da sala!

MAIOR CRÉDITO = MAIOR DÉBITO

Ganhei rios de dinheiro ao longo da vida. Contudo, durante anos, tive o hábito de gastar mais do que ganhava. Vivia no vermelho, muitas vezes sem dinheiro para pagar as contas básicas. Mas não admitia deixar de fazer os pagamentos, porque isso se chocava frontalmente com os valores que meus pais me ensinaram. Passei então a usar a estratégia de pagar um empréstimo bancário com outro empréstimo – devorando os bombons meses antes de ganhá-los. As instituições de crédito me adoravam e me classificavam como cliente AAA. Eu tinha à minha disposição uma linha de crédito no valor de 250 mil dólares.

Apesar disso, detestava que minha aparência de homem de sucesso servisse de disfarce, encobrindo na verdade um fracassado. Não queria terminar como 90% da população: dependente da previdência social, dos filhos ou da capacidade de continuar trabalhando até morrer.

Então, li sobre o experimento do bombom. E minha vida mudou tão completamente que me senti compelido a compartilhar essa singela sabedoria com o maior número de pessoas possível.

Minha transformação começou de forma modesta. Eu tinha acabado de ser nomeado vice-presidente de uma multinacional e podia participar do plano de previdência da empresa, colaborando todo mês com um percentual do meu salário. Hesitei um pouco, mas acabei optando pela dedução. Embora hoje em dia não trabalhe mais para essa corporação, continuo a economizar parte do que ganho, todos os meses. Comecei a guardar meus bombons na meia-idade e adivinha o que aconteceu? Eu poderia me aposentar hoje e viver confortavelmente pelo resto da vida.

SUPERPOUPADOR OU SUPERGASTADOR?

É na paixão por ajudar os outros que encontro motivação para o trabalho. Entretanto, se ficar cansado, doente, decepcionado ou se decidir partir para um novo desafio, posso simplesmente desistir de dar palestras, pois serei capaz de me sustentar. Você faz idéia da liberdade que isso me traz? (E o alívio que representa para a minha filha?) Um dos gurus norte-americanos no tema qualidade, o Dr. W. Edward Deming, comentou certa vez que gostava tanto do seu trabalho que queria morrer numa sala de aula. Foi exatamente o que aconteceu: aos 92 anos, ele saiu carregado de uma palestra e foi direto para o hospital, onde faleceu. No momento, tenho o mesmo desejo do Dr. Deming. Contudo, se quisesse reduzir a atual carga de trabalho ou mesmo encerrar minha carreira, teria um estoque suficiente de bombons para me abastecer até o fim da vida.

Recomendo que você se torne um superpoupador, em vez de um supergastador. Se economizar, vai conquistar seus objetivos. Se comer todos os bombons, não vai chegar a lugar algum. A má vontade em guardar bombons é que faz com que as pessoas fiquem presas à armadilha do dinheiro. Nos Estados Unidos, o país mais rico do mundo, o nível de poupança, infelizmente, é baixo. Em agosto de 1999, um estudo divulgou que 33% das famílias americanas estavam à beira da falência, o que significa que um terço da população do país não tinha nenhum dinheiro.

Imagine milhões de pessoas chegando à idade de se aposentar sem nenhum dinheiro na poupança. Quem vai sustentá-los? Os países em geral enfrentam sérios problemas relacionados à previdência social exatamente porque não existe uma cultura de poupança alternativa.

UM CARRÃO OU UM BOMBOM?

Michael LeBoeuf, na minha opinião um dos melhores autores do mundo na área de negócios, nos ajuda a entender claramente o custo da riqueza perdida. Ele costuma perguntar: "Você está dirigindo sua liberdade financeira? Ou está usando-a no pulso, nos dedos ou no pescoço? Está fumando, bebendo ou comendo sua liberdade em restaurantes caros? Está entregando-a de bandeja ao senhorio, ao alugar um apartamento de luxo, em vez de pagar o financiamento da casa própria? O custo verdadeiro de um item não é apenas o dinheiro que sai do seu bolso, mas principalmente o que você deixa de ganhar com juros ao longo do tempo, ao não investir essa quantia."

Listo abaixo quatro cálculos apresentados por Michael para incentivar você a poupar seus bombons. Vamos supor que, em vez de gastar os valores mencionados, você os aplicasse num fundo de investimento com retorno médio anual de 11%.

Isso representaria o seguinte:

1. Se, aos 27 anos, você tivesse poupado em vez de gastado US$ 5.000 com um relógio de pulso, aos 65 anos teria US$ 263.781.
2. Se tivesse deixado de gastar um dólar por dia em bilhetes de loteria desde os 18 anos, você teria US$ 579.945 ao se aposentar.
3. Se tivesse poupado US$ 5 por dia em fast-food, cigarro e bebida dos 21 aos 65 anos, hoje teria a quantia extra de US$ 2.080.121.
4. Se tivesse comprado um apartamento, em vez de alugado, pelo valor médio de US$ 1.000 mensais, teria economizado US$ 13.386.696 dos 21 aos 65 anos.

NÃO DIGA "SIM"... AINDA

Acabamos de ver como a teoria do bombom se relaciona com a poupança, mas em que mais podemos aplicá-la? Para o pessoal da área de vendas (e nós, na maioria, temos de vender a nós mesmos, ainda que não estejamos diretamente na posição de vendedor), significa aprender *quando* e *como* dizer "sim". Veja o exemplo abaixo:

Uma vez dei uma palestra sobre gerenciamento do tempo em San Juan, Porto Rico. Na platéia havia alguns empregados da Companhia Telefônica de Porto Rico e, ao final do seminário, eles disseram que o diretor de recursos humanos da empresa gostaria de se encontrar comigo. Fui conversar com ele e acabei sendo convidado para fazer uma conferência para os funcionários da empresa. Fiquei tentado a aceitar de imediato, o que significaria devorar o bombom. Em vez disso, dei a seguinte resposta: "Claro, posso dar uma palestra sobre gerenciamento do tempo para seus colaboradores, mas antes gostaria de lhe fazer uma pergunta. Que problemas vocês têm enfrentado e por que acreditam que um seminário sobre esse assunto ajudará a resolvê-los?"

A resposta resultou num contrato de treinamento de US$ 1,2 milhão com a Companhia Telefônica de Porto Rico. Lembre-se: quando um cliente diz que quer comprar determinado produto ou serviço e você saca seu bloco de pedidos e começa a preenchê-lo no ato, você devorou o bombom! Aja de outra forma: descubra se o cliente tem outras necessidades que você pode atender. Assim, em vez de comer um bombom, estará dando a si mesmo a oportunidade de ganhar mais, muito mais.

A PRÁTICA DO BOMBOM: HOLLYWOOD E MAIS ALÉM

Embora este livro trate do sucesso financeiro e tenha uma relação direta com o mundo dos negócios, eu acredito sinceramente que pode ser aplicado a qualquer profissão ou objetivo, e a qualquer pessoa em qualquer idade. Provavelmente, você já ouviu inúmeras histórias de gente que ganhou uma bolada na loteria e acabou sem um tostão – e devendo, ainda por cima. Talvez você tenha até comentado, com certa arrogância, a injustiça de uma fortuna dessas ir parar nas mãos de quem não tem capacidade de cuidar dela. Aquele bilhete premiado deveria ter sido seu, não é mesmo? Claro que você teria se saído bem melhor! Contudo, o problema de ter – e depois perder – montanhas de bombons não se restringe às pessoas que se tornaram milionárias da noite para o dia. Também acontece com quem passou a vida toda dando duro para se sustentar... gente como você e eu.

Não importa se sua meta é uma promoção, um carro, status de milionário ou a admiração dos colegas, o sucesso depende da sua habilidade de apreciar – mas não devorar – suas conquistas iniciais e de agir de maneira coerente com seus objetivos. A teoria do bombom não significa um eterno espírito de renúncia – o único motivo para morrer com bombons debaixo do colchão é achar que eles o ajudam a dormir melhor! Em vez disso, esse princípio se refere ao equilíbrio entre os desejos atuais e futuros.

É mais fácil gastar dinheiro que ganhá-lo. Sei também que, na maioria das vezes, o apetite é maior que o saldo bancário. Porém, até mesmo uma história de sucesso pode terminar em nada por causa de escolhas equivocadas. Quantas vezes você já viu uma celebridade endinheirada, um alto executivo ou uma pessoa pública perder tudo por conta de uma decisão financeira errada? O poderoso desejo de gastar já levou à falência muita gente que se considerava financeiramente inabalável. Essas pessoas não aprenderam que o verdadeiro segredo do sucesso é saber o que se quer da vida e não perder essa meta de vista. E também fazer tudo o que for preciso para conseguir o grande bombom, em vez de ir devorando todos os pequenos que encontrar ao longo do caminho.

São muitas as estradas para quem busca a realização, mas espero ter conseguido provar que o verdadeiro sucesso é fruto de uma combinação única de paciência com perseverança e foco constante na meta de longo prazo. Vou lhe dar alguns exemplos para ilustrar meu ponto de vista.

O DESAFIO DO PIRATA

Johnny Depp foi criado com dificuldade pela mãe solteira e abandonou os estudos antes de concluir o ensino médio, mas soube administrar sua carreira e hoje é considerado pelos colegas uma das grandes cabeças do meio artístico. Ele não escolheu o caminho mais fácil para o sucesso, embora tenha encontrado portas abertas logo que chegou a Hollywood. Aos 21 anos, fez sua estréia no cinema no clássico filme de horror *A hora do pesadelo* e três anos depois estava ganhando 45 mil dólares por episódio na série *Anjos da lei*, que o transformou em símbolo sexual das adolescentes, status que manteve durante os três anos em que estrelou o seriado.

Teria sido compreensível, para alguém com raízes tão humildes quanto as de Depp, simplesmente relaxar e aproveitar o dinheiro e a popularidade conquistados. Contudo, o ator declarou não querer se tornar um "produto" de Hollywood, largou o seriado no meio e assumiu os riscos de representar o papel do ingênuo e deformado Edward – Mãos de Tesoura. O resultado foi sua primeira indicação para o Globo de Ouro e convites para protagonizar outros papéis difíceis em filmes tão diferentes como *Corações em conflito* e *Ed Wood*.

No início de 2001, Depp recebeu uma oferta de 10 milhões de dólares para fazer o papel do Capitão Jack Sparrow no filme *Piratas do Caribe*. Esse filme poderia ter sido mera diversão para o ator: um cachê altíssimo para um papel coadjuvante. Quais seriam as dificuldades de protagonizar um pirata num filme inspirado num brinquedo da DisneyWorld? Depp provou novamente ser mais do que um rostinho bonito. Ele arriscou ser demitido ao aparecer no estúdio com *dreadlocks* e trancinhas, dentes de ouro e a aura de Keith Richards, célebre músico da banda Rolling Stones, em quem baseou seu personagem. Os executivos da Disney ficaram aterrorizados, porém, mesmo de má vontade, permitiram que o ator representasse o papel com aquele visual. A intuição e o talento de Johnny Depp lhe valeram uma indicação ao Oscar.

Até o presente, Depp não dá sinais de querer "descontar" seus bombons: foge da publicidade fácil e declara que prefere passar as horas livres brincando com os filhos (a menina e o menino que teve com a modelo e atriz Vanessa Paradis), em vez de perder tempo com badalações. Para o ator, o sucesso não é apenas um meio de ganhar dinheiro.

"Meu desafio é fazer algo inovador, que não tenha sido massificado na consciência do público", disse Depp, em março de 2004, ao ser entrevistado pela revista *Time*. "Se não fosse assim, não faria o menor sentido ser ator."

O CHEQUE DE 10 MILHÕES DE DÓLARES

Jim Carrey chegou a Hollywood com um histórico familiar bastante conturbado, quase nenhuma instrução e apenas um talento comprovado: o de fazer as pessoas rirem. Embora aspirasse ser mais que um comediante, sabia que para chegar aonde pretendia – fazer papéis sérios – primeiro teria de ser bem-sucedido em papéis cômicos.

Como meu primo Jorge Posada – que aprendeu a ser receptor e a rebater com a esquerda, quando o que mais queria era jogar na segunda base –, Carrey fez as pessoas darem gargalhadas mesmo quando não tinha a menor vontade de rir, porque acreditava que fazia aquilo melhor que qualquer outro comediante. Embora tivesse fortes crises de depressão no início da carreira, Carrey conseguiu manter-se motivado com um truque que qualquer pessoa pode imitar: assinou um cheque pré-datado, endossado a si próprio, no valor de 10 milhões de dólares. Carregava-o consigo o tempo todo. Quando se sentia desanimado, tirava o cheque da carteira e imaginava que estava sacando aquela fortuna. Ele visualizava a vida que teria e os ótimos personagens que interpretaria quando tivesse aquele saldo milionário.

Sua capacidade de estabelecer e manter um propósito acabou sendo recompensada. Carrey pôde sacar os 10 milhões de dólares – quase na data que havia escrito no cheque – e diversificou sua carreira: do humor rasgado de *Ace Ventura* chegou à comédia mais sofisticada *Brilho eterno de uma mente sem lem-*

branças, filme que ganhou o Oscar de Melhor Roteiro Original.

Você não precisa fazer as caretas de Jim Carrey para garantir seu próprio sucesso, mas pode seguir seu exemplo de outra maneira. Estabeleça um objetivo, o maior bombom que deseja na sua vida, e o mantenha no seu campo de visão o tempo todo, assim o doce sabor do sucesso *permanente* será todo seu.

E esse deve ser o sucesso que *você* definiu para si mesmo, não a visão que outra pessoa tem de sucesso. Ter de adiar a gratificação e, ao mesmo tempo, proteger-se das inevitáveis decepções ao longo do caminho é bastante difícil. Suas metas precisam estar enraizadas em você para que se sinta motivado a mantê-las e alcançá-las. Por outro lado, é muito fácil comer os bombons – seja na forma de dinheiro, emprego ou relacionamento – quando você não dá a mínima para o futuro. Mas, quando seus objetivos são claros e absolutamente seus, a teoria do bombom se transforma num estilo de vida.

O MUNDO É DOS BOMBONS

Minha co-autora, Ellen, e suas duas filhas incorporaram a teoria do bombom em suas rotinas diárias. Agora, essa filosofia de vida faz parte de todas as decisões que tomam, sejam grandes ou pequenas. As três passaram até a falar na língua do bombom dentro de casa! No entanto, há menos de um ano, na primeira vez em que conversei com Ellen sobre escrever este livro, ela não podia prever que esta história se aplicaria à sua vida.

"Para mim fez sentido como uma teoria para gestão de negócios, mas no primeiro momento não entendi sua aplicação fora do ambiente empresarial e relutei em aceitá-la", diz Ellen. Literalmente quebrada depois que um ex-namorado raspou sua conta bancária, ela protestou: "Mas... e se você não tiver nenhum bombom ao qual resistir? Eu *preciso* comer o bombom ou vou morrer de fome."

Entretanto, no momento em que Ellen parou de pensar na teoria apenas em termos corporativos, descobriu que podia aplicá-la em praticamente todas as situações (e com recompensas financeiras surpreendentes).

"Um belo dia, contei às minhas filhas como era importante resistir aos bombons e, no dia seguinte, a mais nova me mostrou a lista dos presentes que queria para seu aniversário de 16 anos. Examinei a lista e convenci-me de que ela estava negando tanto a teoria do bombom quanto nossa realidade financeira."

A lista ia de lingerie a sapatos, incluindo calças jeans e camisetas – tudo de grifes caríssimas. Sem falar nas bolsas Louis Vuitton, na maquiagem MAC e no carro dos seus sonhos: um Porsche!

Mas, antes que Ellen tivesse chance de reclamar, a filha falou:

– Não é que eu esteja esperando que você vá me dar um desses presentes, mas é o que eu *quero*. Por isso, estou poupando para comprar uma camiseta igualzinha à que a Britney Spears usa. Na época das liquidações, o preço cai pela metade – Allison explicou à mãe, acrescentando que, com um pouco de pesquisa e paciência, era possível comprar coisas incríveis nas promoções.

– E quanto ao carro? – quis saber Ellen.

– Mãe, eu nem tenho carteira de habilitação! É só um sonho. Eu não ia devorar meu bombom assim, sem fazer uma pesquisa de preço ou pensar se não haveria outras coisas mais importantes em que investir tanto dinheiro – respondeu Allison.

◆ ◆ ◆

Quando, em pouquíssimo tempo, uma adolescente transforma um doce num preceito, algo está acontecendo que vale a pena observar!

Ellen garante que apenas teve uma conversa informal com as filhas sobre a teoria do bombom e ficou impressionada, pois as duas adotaram imediatamente a idéia como uma estratégia para vencer na vida profissional e pessoal.

– Não há o que discutir – disse uma das filhas.

– Todo mundo vai aceitar a teoria – garantiu a outra.

– Mas por quê? – quis saber Ellen, ainda não convencida de todo.

– Primeiro, porque é uma maneira divertida de explicar um conceito sério. E faz sentido: é sempre melhor aguardar o que a gente quer de verdade, para ter dois bombons, em vez de apenas um. E isso não é só nos negócios, não; é na vida. O mundo é dos bombons.

◆ ◆ ◆

A filha mais velha de Ellen, Marina, também entrou na onda da nova teoria. Embora seja por natureza uma pessoa resistente aos bombons, visto que começou a planejar a ida para a faculdade antes mesmo de passar para o ensino médio, há um mês ela telefonou para a mãe dizendo que queria voltar para casa.

– Para o fim de semana? – Ellen perguntou.

– Não, para sempre – explicou Marina. – Quero parar de estudar. Ando comendo todos os bombons aqui e estou perdendo a coragem de lutar pelos meus ideais.

Por Ellen, a filha continuaria com os estudos. Marina estava cursando o primeiro ano da faculdade, tinha bolsa integral para os quatro anos e um seguro saúde que cobria 500 dólares de despesas médicas por mês. Além do mais, era importante ter um diploma de curso superior! Ellen tinha feito mestrado e dava aula de redação na universidade, e sempre imaginara que as filhas iriam ultrapassá-la em nível de instrução. Não havia dúvida quanto ao que *Ellen* queria.

Graças à teoria do bombom, Ellen não se esquivou de enfrentar o problema com a filha: pelo contrário, fez as seguintes perguntas a ela – questões que sugiro que você faça a si mesmo:

OS CINCO PASSOS DO PLANO BOMBOM

1. O que você precisa mudar? Que estratégias você pode pôr em prática de imediato, visando parar de devorar seus bombons? O que você se compromete a mudar?

2. Quais são seus pontos fortes? E os fracos? Em que aspectos você precisa melhorar e qual a melhor maneira de fazer isso?

3. Quais são suas principais metas? Escolha pelo menos cinco e anote-as num papel. Depois escreva o que precisa fazer para atingir cada uma delas.

4. Qual o seu plano? Tome nota. Se você não sabe qual é o seu objetivo, nunca vai alcançá-lo.

5. O que você está fazendo para transformar o plano em ação? O que vai fazer hoje, amanhã, semana que vem, ano que vem, para alcançar seu objetivo? Ou, em outras palavras, como Arthur aprendeu na parábola: O que você está disposto a fazer que pessoas malsucedidas não querem fazer?

Marina – cujo objetivo número um é ser atriz – estava disposta a trancar a faculdade para investir em aulas de arte dramática. Ela assumiu o compromisso de procurar um agente, mudar-se para Los Angeles, candidatar-se a um papel ou fazer diariamente testes de representação, além de encontrar um emprego para bancar suas tentativas – e completar os estudos universitários quando puder pagar por eles com o cachê de atriz.

Ellen diz que não tem dúvida de que a filha vai realizar o desejo de ser atriz. Marina não só sabe o que quer como também o que tem de fazer para chegar aonde sonha.

O SEXTO PASSO

Qual o bombom de seus sonhos? Como vai consegui-lo? Tenho certeza de que os cinco passos vão levá-lo ao sucesso, quaisquer que sejam sua idade, o desafio e as circunstâncias. Quero, contudo, adicionar mais um passo à lista:

Seja perseverante. Insista. Não desista. Quando perguntaram a Harry Collins, vendedor de mão cheia, quantas ligações faria a um cliente em potencial antes de desistir, ele respondeu: "Depende de qual de nós dois morrer primeiro."

◆ ◆ ◆

Quando o bombom é fundamental para você – e não importa que seja um par de sapatos, uma vida amorosa mais gratificante ou sua independência financeira –, adiar a gratificação pode e vai se tornar um desafio estimulante, em vez de uma tarefa impossível. Pratique as lições ensinadas neste livro. Prometo que em breve você terá uma fartura de bombons.

NOTA DO AUTOR

Embora Jonathan Patient seja um personagem fictício, o experimento do bombom*, do qual ele teria participado quando criança, realmente existiu. As histórias sobre Larry Bird e Jorge Posada, contadas por Jonathan, foram baseadas em observações que Joachim de Posada fez de fatos da vida real. Ele viu Larry Bird treinando sozinho numa quadra de basquete quando trabalhava como motivador de atletas para o Milwaukee Bucks (e tinha esperado encontrar um jogador do Bucks em quadra, em vez de Bird). Jorge Posada (o New York Yankees retirou o "de" de seu nome) é primo de Joachim.

Alguns dos princípios descritos neste livro foram baseados em experiências ou observações de Joachim. Sua carreira no Departamento de Sistemas de Treinamento, na Xerox Corporation, e sua experiência como palestrante motivacional em muitos países lhe ensinaram lições valiosas que ele agora compartilha conosco.

---

* A experiência real conduzida pelo Dr. Walter Mischel na Universidade de Stanford, nos anos 1960, usava marshmallows e não bombons, mas, para gerar maior identificação com o público brasileiro, os marshmallows foram substituídos por bombons nesta edição. (N. do E.)

AGRADECIMENTOS

Este livro se inspirou no best-seller *Inteligência emocional*, de Daniel Goleman, que contestou o uso do teste de inteligência padrão como indicador de sucesso. A teoria de Goleman abriu novos horizontes para a compreensão da pesquisa realizada pelo Dr. Walter Mischel na Universidade de Stanford. Esses dois estudos melhoraram muitíssimo a minha vida, da mesma forma que – assim espero – este livro vai mudar a sua. Quero agradecer a esses dois pensadores inovadores e às pessoas igualmente importantes que menciono a seguir:

A Ellen Singer, que gostou tanto deste projeto que o levou aos seus (agora nossos) agentes literários, Jane Dystel e Miriam Goderich.

À nossa editora, The Berkley Publishing Group, uma divisão da Penguin (EUA), pela fé depositada neste projeto. Denise Silvestro é uma editora excelente e sua assistente, Katie Day, é extraordinariamente prestativa. Foi um prazer trabalhar com as duas.

À Universidade de Porto Rico, por aceitar-me como estudante, embora muitos dos meus amigos não tenham conseguido entrar.

À Universidade de Miami, onde leciono desde 1985, meus

agradecimentos especiais pelas oportunidades que me foram dadas por todos nessa admirável instituição educacional e pela contínua crença em mim depositada.

Ao falecido Dr. Ronald Bauer, um educador excepcional e visionário, que me estimulou, em nosso último almoço, a escrever este livro.

A Michael LeBoeuf, autor de excelentes livros de negócios, por sua amizade e por tudo o que me ensinou.

Ao falecido Sam Walton, que abriu um pequeno negócio e, em poucos anos, o transformou numa empresa gigantesca, a Wal-Mart, agora a maior empregadora do mundo. Ele é o verdadeiro exemplo de sabedoria de como resistir à tentação.

Aos meus clientes pelo mundo afora, por terem permitido que eu os ensinasse minha teoria e por terem me encorajado a converter os ensinamentos num livro.

Gostaria de acrescentar um agradecimento final a todos aqueles que me serviram de inspiração e compartilharam idéias comigo – que mais adiante usei para ensinar aos outros. Peço desculpas àqueles que não mencionei individualmente. Será um enorme prazer lhes dar o crédito no site www.askjoachim.com, por isso convido-os a escrever para o meu e-mail nesse endereço.

JOACHIM

AGRADECIMENTOS

Meus eternos agradecimentos ao meu co-autor, Joachim, não só por dividir comigo a redação de um grande projeto, mas também por apresentar-me a um estilo de vida de resistência ao prazer imediato; à minha agente literária, Jane Dystel, pela fé há tanto tempo depositada em mim, pela constante assistência e pela confiança; ao meu advogado, Scott Schwimer, cuja inteligência e o talento só são superados por sua sagacidade e solidariedade; à minha editora, Denise Silvestro, por ter aperfeiçoado o original, sempre de forma positiva e indolor.

ELLEN

CONHEÇA OUTROS IMPORTANTES TÍTULOS DA EDITORA SEXTANTE

O que aprendi com meu carteiro sobre o trabalho e a vida

MARK SANBORN

Esse livro conta a história de Fred, um carteiro por quem o consultor de liderança Mark Sanborn desenvolveu uma profunda admiração. Fred é daquelas pessoas que são mestras em transformar responsabilidades e tarefas comuns em algo de extremo valor e importância.

Você descobrirá o que faz com que profissionais como Fred sejam tão especiais e aprenderá a identificá-los e a se espelhar em seu comportamento. Saberá como construir relacionamentos que lhe permitam conhecer os outros o suficiente para ser criativo e tomar iniciativas que não custam muito dinheiro, mas que podem fazer uma grande diferença em todas as áreas da sua vida.

O sabor da qualidade

SUBIR CHOWDHURY

A fábrica de sorvete administrada por Pete está derretendo rapidamente. Um dia seu chefe lhe dá um ultimato: se as vendas não crescerem, em poucos meses a empresa vai ser fechada. Pete e todos os funcionários estão muito perto de ir para o olho da rua.

Quando Pete procura Mike, um executivo bem-sucedido conhecido da família, tem início seu grande aprendizado. Segue-se um bate-papo informal que torna esse livro fácil de ler, mas tão rico em ensinamentos quanto os manuais mais densos do mercado. Mike transmite os segredos da verdadeira qualidade, como ela pode ser atingida e – o mais difícil – o que fazer para mantê-la no dia-a-dia.

Liderança radical

Steve Farber

Nessa fábula moderna, divertida e cheia de suspense, você descobrirá como renovar o entusiasmo pelo seu trabalho e se tornar capaz de estimular outras pessoas a trilhar esse mesmo caminho. O consultor empresarial Steve Farber mostra que um Líder Radical não tem medo de assumir riscos nem de cometer erros diante de seus colaboradores.

Numa teia de acontecimentos envolvendo personagens instigantes, o autor constrói uma história fascinante que revela a forma mais sublime e eficaz de liderança: a que é exercida com amor no coração. Em essência, sua mensagem diz: cultive o amor, produza energia ilimitada, inspire audácia e apresente provas do seu compromisso.

Faça o que tem de ser feito

Bob Nelson

O ambiente competitivo e o mundo globalizado exigem, hoje em dia, que os empregados corram mais riscos e tenham mais iniciativa no trabalho.

Com conselhos breves, diretos e surpreendentes, Bob Nelson mostra o que cada um de nós precisa fazer para assumir as rédeas do seu emprego, da sua carreira e da sua vida. Esse livro é uma ferramenta inspiradora e motivadora tanto para diretores e gerentes quanto para funcionários, um recurso útil para qualquer departamento de recursos humanos e um inestimável investimento para todos que desejam vencer na vida.

O monge e o executivo

James C. Hunter

John Daily é um executivo bem-sucedido que, de repente, percebe que vem fracassando como chefe, marido e pai. Em busca de um novo caminho para sua vida, ele decide participar por uma semana de um retiro num mosteiro beneditino.

Lá encontra Leonard Hoffman, um dos mais influentes e bem-sucedidos empresários americanos, que resolveu largar tudo para ir em busca da verdadeira essência da vida. Nesse livro extremamente envolvente, você vai aprender, junto com John Daily, princípios de liderança fundamentais para construir uma carreira de sucesso e uma vida em plena harmonia com as pessoas à sua volta.

Seu balde está cheio?

Tom Rath e Donald O. Clifton

Todos nós possuímos um balde invisível que se enche ou esvazia o tempo inteiro, dependendo do que os outros nos dizem ou fazem. Quando o nosso balde está cheio, nos sentimos ótimos. Quando está vazio, ficamos péssimos.

Com essa simples metáfora e o conhecimento adquirido em 50 anos de pesquisas sobre o poder transformador das atitudes positivas, esse livro mostra que a maneira como tratamos os outros tem influência direta em nossa felicidade, produtividade, saúde e longevidade.

CONHEÇA OS 30 CLÁSSICOS DA EDITORA SEXTANTE

O Código Da Vinci, *Anjos e Demônios* e *Fortaleza Digital*, de Dan Brown

Pais brilhantes, professores fascinantes, *Nunca desista de seus sonhos* e *Você é insubstituível*, de Augusto Cury

O monge e o executivo, de James C. Hunter

Um dia "daqueles", *O sentido da vida* e *Querida mamãe, obrigado por tudo*, de Bradley Trevor Greive

Por que os homens fazem sexo e as mulheres fazem amor?, de Allan e Barbara Pease

Os 100 segredos das pessoas felizes e *Os 100 segredos das pessoas de sucesso*, de David Niven

Enquanto o amor não vem, de Iyanla Vanzant

A última grande lição e *As cinco pessoas que você encontra no céu*, de Mitch Albom

A Dieta de South Beach, de Arthur Agatston

O ócio criativo, de Domenico De Masi

Não leve a vida tão a sério, de Hugh Prather

O Poder do Agora, de Eckhart Tolle

A vida é bela, de Dominique Glocheux

Palavras de sabedoria e *O caminho da tranqüilidade*, de Sua Santidade, o Dalai-Lama

Muitas vidas, muitos mestres e *Só o amor é real*, de Brian Weiss

Histórias para aquecer o coração, de Jack Canfield e Mark V. Hansen

Conversando com os espíritos, de James Van Praagh

Aprendendo a gostar de si mesmo, de Louise Hay

Mantenha o seu cérebro vivo, de Lawrence Katz e Manning Rubin

Aprendendo a silenciar a mente, de Osho

INFORMAÇÕES SOBRE OS PRÓXIMOS LANÇAMENTOS

Para receber informações sobre os lançamentos da EDITORA SEXTANTE, basta enviar um e-mail para
atendimento@esextante.com.br
ou cadastrar-se diretamente no site
www.sextante.com.br

Para saber mais sobre nossos títulos e autores, e enviar seus comentários sobre este livro, visite o nosso site:
www.sextante.com.br

EDITORA SEXTANTE
Rua Voluntários da Pátria, 45 – Gr. 1.404 – Botafogo
22270-000 – Rio de Janeiro – RJ
Tel.: (21) 2286-9944 – Fax: (21) 2286-9244
E-mail: atendimento@esextante.com.br
www.sextante.com.br